KB186380

에로티즘

「로제 다둔 지음 · 신정아 옮김」

철학과현실사

L'Érotisme

By Roger DADOUN

Copyright ⓒ PUF — Paris 2004

Korean Translation Copyright ⓒ 2006

by Chulhak-kwa-Hyunsil Publishing Co.,

This Korean edition is published by arrangement

with PUF (Presses Universitaires de France)

through Bookmaru Korea Literary Agency.

All rights reserved.

옮긴이의 말

　프랑스의 사상가이자 소설가인 바타이유(Georges Bataille)
가 오랫동안 인류의 사유에서 배제되었음을 개탄해마지
않았던 에로티즘, 그것은 사실 신중함이나 은밀함을 넘어
서서 일종의 침묵을 요구하는, 왠지 말을 꺼내기가 쑥스럽
거나 어렵게 느껴지는 주제임에 틀림없다. 그러면서도 실
상은 '섹시(sexy)' 혹은 '얼짱', '몸짱'으로 대표되는 '성적 매
력'이 온갖 매체의 키워드가 되고, 수많은 산업의 동력이 되
며, 비단 연예인뿐 아니라 평범한 소시민의 중대한 삶의 목
표로 자리매김하고 있는 것을 보면, 바야흐로 이 시대는 너
나할것없이 자기의 의지와는 상관없이 성과 성애의 족쇄에
단단히 묶여 살도록 선고받았는지도 모르겠다.

21세기는 에로틱할 것인가? 이는 이 책의 저자가 글의 첫머리에서 던지고 있는 일종의 화두라고 할 수 있다. 인류 역사상 그 어느 때보다도 성과 성애에 대한 담론이 만연하고, 모든 분야에서 성의 역할이 두드러지게 약진하고 있는 우리 시대 대부분의 소비 문명 사회의 특성을 직시하면서, 저자는 에로티즘을 단순히 성과 성애를 넘어서서 삶과 죽음을 포함해 인류의 생존 자체에 결부된 본질적인 것으로 파악할 것을 주문한다. 이러한 저자의 의도 아래 이 책은 크게 두 장으로 구성되어 있다. 제1장 '기초'에서 저자는 에로티즘에 대한 논의의 기초를 이루는 네 가지 요소, 즉 육체와 신체 기관, 리비도, 욕망에 대해 정신분석학적 지식을 동원해 설명하고 있다. 이어 제2장 '표현'은 인류의 역사의 흐름 속에서 흔적으로, 영상으로, 말로 에로티즘의 세계를 표현하고자 했던 셀 수 없이 많은 사람들 가운데 대표적인 몇몇을 만나볼 기회를 제공한다. 거기에선 먼 옛날 라스코 동굴의 가장 깊은 곳, 세칭 '우물'이라 불리는 곳에 성기를 곧추 세우고 죽어가는 새의 얼굴을 한 남자를 그려놓고 사라진 인류의 선조에서부터 중세에서 현대까지 미술사를 수놓은 유명한 화가들을 포함해 사진, 영화, 건축 등의 시각적 이미지로 성과 성애를 형상화했던 많은 예술가들, 그리고 각자 다른 방식으로 성의 문제에 천착했던 사드, 푸리에, 자리와 같은 문학가들이 서로 우열을 가리지 않고 등장하여 다채로움과 독창성을 뽐낸다.

2005년 1월 어느 날의 일이었다. 우연한 자리에서 이 책의 번역을 제안 받은 나는 책장을 넘길 때마다 언뜻 보이는 저명한 예술가들의 이름과, 문고판 두께라 양이 얼마 되지 않을 거라는 대책 없는 계산으로 덥석 책을 받아들었다. 번역을 시작한 후부터 난 이 책의 작가가 서문에서 말하고 있는 것처럼 '수세기 동안 계속해서 몰아쳐 온 에로티즘의 물결' 속에서 정신차릴 겨를도 없이 헤매며 떠다녔던 것 같다. 에로티즘이라는 주제를 정신분석학을 바탕으로 인류가 남긴 역사의 흔적들과 영상들, 문학 작품 속에서 탐색해보고자 한 저자의 시도를 따라가면서, 나는 어쩐지 친숙하면서도 낯선 세계에 홀로 발을 들여놓은 것처럼 내내 긴장과 두려움을 떨쳐버릴 수가 없었다. 게다가 에로티즘이라는 일관된 주제 아래에서이긴 했지만, 정신분석 이론에서 그림으로, 그림에서 영화로, 영화에서 사진으로, 사진에서 건축으로, 그리고 건축에서 시로, 시에서 소설로 그야말로 종횡무진 장르를 옮겨다니는 저자의 박식함과 속도에 능력이 미치지 못하는 나는 자주 숨이 턱에까지 차오르는 듯한 피곤함과 무력감을 느꼈던 게 사실이다. 힘들었던 1년을 보내고, 이제 책은 내 손을 떠나 독자들을 만날 준비가 되었다. 세상에 내놓기 부끄러운 부족한 부분은 독자들의 내적 체험과 너그러운 이해로 메워질 수 있기를 간절히 바란다. 무더웠던 여름, 번역을 핑계로 늘어만 갔던 짜증을 무던히 받아준 나의 사랑하는 가족과 나에게 번역을 맡겨주고 늘 격려해주었던 윤성우 선배에게 고마운 마음을 전한다. 그리고 생각보다 늦어진 번역 원고를 기다려서 출판해주신 <철학과현실사>에 감사드린다.

2006년 1월

신 정 아

차 례

서 론

21세기는 에로틱할 것인가?

이는 21세기가 종교적이고 신비적인 혹은 정신적인 세기가 될 것이라든가, 아니면 물질적이고 소비적이며 무정부주의적거나 환경 친화적인 세기 혹은 중국이, 미국이, 아니면 스페인계 사람들이 지배하는 세기가 될 것이라는 온갖 종류의 단호한 진단들이 내려진 사실을 알면서도, 한 번쯤은 던져볼 만한 가치가 있는 질문이다. 수세기 동안 계속해서 몰아쳐 온 에로티즘 물결의 높이를 가늠해보는 것은 아마도 지나치게 무모한 시도는 아닐 것이다. 만일 우리가 어디서나 불가피하게 맞닥뜨리는 성을 매개로 해서, 숭고의 차원으로까지 격상된 에로스의 변화무쌍한 모습뿐 아니라, 몸과 성기에 가까운 일차원적인 것들, 그러니까 흔히 외설, 포르노그라피, 호색, 변태, 탐욕, 방탕함, 방종 등으로 불리는 모든 것들을, 대담하고도 열렬하게 나부끼는 에로티즘의 깃발 아래 포함시키게 된다면 말이다.

소음과 광기와 과시가 지배하는 시대에 싸구려로 급조되어 넘쳐나는 다양한 양상의 에로티즘의 생산물들만큼 볼 만하고 관능을 자극하는 것은 없다. 마치 도로 표지판처럼 도심 곳곳에 늘어선 선정적인 광고들과 그 속에서 뭐든 다 드러내고 자랑하기 위해 한껏 부풀어오른 입술, 성기, 가슴과 엉덩이들을 보라. 텔레비전 브라운관과 영화의 스크린에서는 '에로', '포르노', 'X' 혹은 '하드코어'라는 딱지가 붙은 영화와 드라마들 말고도 천국 같은 해변을 배경으로 강렬한 조명 빛 아래에서 형식을 갖추어 혹은 은밀한 공모의 눈짓만으로 대중들의 언어 생활에서 흔히 '섹시하다'는 말로 지칭되는 모든 것들을 두드러져 보이게 하는 쇼와 라이브, 충격 고백 장면들이 쉴새없이 쏟아져나온다. 이른바 작가들은 행여 질세라 누가 더 야한지 내기라도 하듯 이런저런 이들의 '성생활'을 매우 자세하게 묘사하는 데 몰두하고, 만화가들은 작은 네모 한 컷에 의성어 혹은 의미도 없는 대사만 담긴 말풍선과 함께 싸구려 저질 만화의 유치한 스토리에 호화 사진첩에서 볼 수 있는 유명한 성교 장면들을 그려넣고 있다. 직설적이거나 암시적으로 혹은 임상적이거나 지나치게 천박하게 성을 테마로 기획된 회화전, 조각전, 사진전과 퍼포먼스들은 또 어떤가. 그뿐만 아니라 잡지들은 여론 조사나 상담이라는 명목으로 야한 그림의 표시를 앞세운 특별 부록 형태로 '섹스에 대해 당신이 알고 싶은 모든 것'에 대해 늘 '새로운 정보'를 제공하고, 디자인 기술과 디자이너의 환상적 정신 세계가 화려하고도 기상천외한 방법으로 결합하는 패션쇼와 파티에서는 나체와 성기가 옷을 입고 벗기를 반복하고 있다. 게다가 어떻게 그냥 지나칠 수 있겠는가. 4세기경 인도의 철학자 바치야나(Vatsyayana)가 '욕망에 관한 아포리즘'으로 지칭한 카마수트라의 상징들을 음탕하고 관음증적이고 노출증적인 것으로 과대 해석하면서, 돈벌이에만 급급한 노래, 무용, 리듬, 자극적인 연주, 테크노 퍼레이드, 현란한 몸짓들과 더불어, 사드 후작(D. A. F. Le marquis de Sade : 1740~1814)의 끝나지 않는 『소돔 120일(*Les Cent Vingt Journées de Sodome*)』과 크라프트 에빙(Krafft-Ebing)의 유서 깊은 저작 『섹스의 병리학(*Psycopathia sexualis*)』 혹은 해블록 엘리스(Havelock Ellis : 1859~1939)의 절대로 고갈되지 않는 명서 『성의 심리학 연구(*Etude de psychologie sexuelle*)』와 같은 ─ 보편적이고 영구히 지속되는 에로스라는 천을 직조하고 있는 체위와 말, 문제, 변태 행위와 파토스를 거의 완벽하게 훑고 있는 — 책들을 말이다. 21세기는 벽두부터 발기부전치료제 비아그라나 남성 갱년기와 노화 예방 호르몬 DHEA, 그리고 성적 흥분 조절과 리비도의 활성화에 안성맞춤인 처방들을 제공하는 다른 약전들과 함께 장밋빛 미래를 보장하는 적극적인 제안 덕분에 성이 생화학적인 면에서 그 어느 때보다 활기찬 도약을 하고 있다.

사적으로든 미디어를 통하든, 철학적이든 문학적이든, 정신분석학적이든 종교적이든 간에, 언어는 성의 어휘들 주변을 맴돌거나 그것들과 결합한다. 오직 '성교'의 의미로 사용되는 주동사 'baiser'[1]는 얼굴이 상기된 여자 아나운서와 덕망 있는 정치가의 입에서 흘러나올 뿐 아니라, 최첨단 분야의 지식인이나 '민중'을 막론하고 술자리에서 앞으로 내민 두꺼운 입술에 묻은 침과 함께 흐른다. 낡았지만 버릴 수 없는, 요즘 다시 최신 유행어로 시류를 타고 있는 'cul'이란 단어나 '제 어미랑 씹할 놈'이라는 어느 래퍼의 가사를 계기로 미화되기까지 한 대중적인 감탄사 'putain'은

---

1) 프랑스어로 'baiser'는 '사람 혹은 사물에 입맞추다'라는 일차적인 의미를 가지고 있으나 사람에게 하는 입맞춤의 경우는 대개 문어 외에는 'embrasser'를 사용한다. 오늘날에는 구어체에서 주로 '성교하다'는 의미로 사용되며, 성 능력을 표현할 경우 보어 없이도 사용된다.

언제나 어디에서나 떠돌아다니고 있다 …. 페미니스트, 동성애자, 남성우위론자 혹은 당파주의자들의 전투적인 담론들은 풍습의 전방위적인 해방과 함께 성의 증진을 찬양하고 요구한다. 이는 물론 복잡한 테크놀로지의 발달로 금기와 방해물을 일거에 산산조각 낼 수 있는 전화, 라디오, 텔레비전, 미니텔, 인터넷 같은 최첨단 도구 일체를 개인 각자가 어떠한 제한도 없이 마음대로 사용할 수 있었기에 가능한 일이었다. 새 천 년이 시작된 지금, 성과 관계된 모든 것은 2002년에 발표된 한 영화 포스터에 새겨진 '어떠한 터부도 어떠한 제한도 싫다'는 슬로건에 즐거운 마음으로 동참하는 듯 보인다. 인간의 조건이 그 기원부터 본질적인 의미에서 터부와 한계를 정하고, 금기와 위반을 조절하면서 형성되어온 것임을 감안하면, 오늘날 인간은, 그러니까 인류 전체는 빽빽하게 짜여진 에로스의 다채로운 올가미에 사로잡혀 있다고 해도 과언이 아닐 것이다.

분량이 꽤 되는 호화 선집이나 에로티즘의 광대한 영역을 넘나들며 공을 들여 탐구한 백과사전에 비하면, 극단적으로 범위를 좁힌 우리의 연구는 당연히 선별적이 될 수밖에 없을 것이다. 또한 우리의 연구는 무엇보다 자신의 동의어인 에로스와 함께 의미 영역이 극도로 확장될 '리비도 경제'가 주가 되는 정신의 경제학이라는 한정된 시각 속에 포함될 것이다. 그곳에서는 죽음에 대한 공포와 두려움만큼이나 살아 있음에 대한 맹렬한 열정이 교차하고, 특히 인간 존재의 혼돈스러운 어둠과 위협받는 허약함을 끊임없이 카펫 ― 침대, 알코브, 긴 의자 ― 위에 풀어놓는 의문의 힘이 작용한다. 리비도의 경제는 성적 에너지를 통해 기능한다. 리비도 경제는 인간의 성의 움직임과 분배, 재현을 조절하며, 일반적으로 에로티즘을 구성하는 여건이자 에로티즘의 실체 자체로 간주된다. 이러한 관점을 따라가며, '기초'라 이름 붙인 제1장에서는 에로티즘의 기본 구조 혹은 재료라 할 수 있는 '육체와 기관, 리비도, 욕망'에 대해 다루게 될 것이다. 에로티즘이 무엇보다 발현 양식과 생산물을 통해 구분된다는 점에서 '표현'이라 칭한 제2장에서는 '흔적과 영상, 말'을 분석하게 될 것이다. 결론에서 우리는 단지 맹렬하고 눈부시게 화려한 에로티즘의 형상들이 인간의 내적 존재를 알고 활기차게 만드는 데 기여할 수 있는 부분을 상기시키려고 애쓸 것이다.

제 1 장

기 초

육 체
기 관
리비도
욕 망

에로티즘은 그의 지지와 근원과 원천, 본질적인 실체와 지배적인 목표 — 겉으로 공표했거나 비밀스럽거나 간에 — 를 성(性)에서 찾는다. 하지만 성과 완전히 융합되면서 에로티즘은 모든 면에서 성을 넘어선다. 그 결과 에로티즘에 대한 의미 있는 정의를 내리기 위해서는 아마도 극도로 다양한 개인적, 문화적 양식과 균형에 따라 어떤 식으로든 인간의 성이라는 도장이 찍힌 육체적, 실존적, 예술적, 철학적, 정치적 혹은 종교적 경험들과 표현들과 비전들에 속하는 모든 것으로 그 범위를 확장시켜야 할 것이다. 인간의 존재 자체를 구성하는 이 모든 분야에서 에로티즘은 단일하고 총체적인 현실로 간주되는 '몸'과 그것들의 한계와 기능과 구별적 역할로 구분되는 '기관들', 인간이라는 밭 전체를 관개하는 성적 에너지 '리비도', 그리고 거의 보편적인 합의에 따라 인간 활동의 본질적인 원동력을 형상화하는 '욕망'이라는 반박할 수 없는 대상들을 다양한 형태와 변모된 모습으로 다루고 무대 위에 펼쳐놓는다. 이 네 가지 요소 — 몸, 기관들, 리비도, 욕망 — 는 그들끼리 가변적 상황에 따라 에로티즘의 결 자체를 구성하는 내적인 관계를 직조한다.

I
육체

육체와 에로티즘은 너무나 긴밀하고 은밀하게 서로 얽히고 융합되어 있기 때문에, 두 용어를 동일시하는 것은 자명해보인다. 주체가 육체에 대해 갖게 되는 인식 속에서 육체는 에로틱한 형태로 자신을 드러내며, 어쩌면 에로틱한 것 자체 — 에로티즘의 기층이요 전달자요 표층인 근원적 바탕이며 강박적인 목적으로서의 에로스 — 다. 에로스는 몸과 몸이 부딪히는, 몸을 대상으로 하는 작업으로, 각자가 자신을 구성하고 느끼고 생각하게 하는 몸 이미지들의 축적이요 계층화이자 직조며 혼합이다. 즉각적이고 부인할 수 없는 존재이자 친숙한 대상이고, 다가치적이며 즉시 사용 가능한 도구이자 긍정의 거대하고 단단한 덩어리인 동시에, ― 의상과 조명, 외양, 외피와 자세, 피부와 살의 다양함 아래 놓이게 되면 ― 환원 불가능한 신비가 되어버리는 몸은 거기에 존재한다. 이러한 사실이 에로티즘의 역설적인 특징을 보여준다. 즉, 에로티즘은 다양한 요소들(기관, 기능, 이미지, 역할 등)을 연결하는 단위로서의 몸을 드러내고 탐구하고 연극화하면서도, 여전히 몸을 '욕망의 모호한 대상'으로 바라보면서, 상상 가능한 모든 방법을 동원해 그것을 다루고 경험하고 해체하고 탐색하는 데 전념한다.

단단하면서도 가시적인 불투명성을 지닌 육체의 신비는 거울에서처럼 둘로 나누어진다. 외재성에서 바라본 몸, 즉 약속과 위협, 두려움과 기쁨의 원천이 되는 타인의 몸은 전제 군주나 메시아처럼 공간과 시간을 독점하면서, 지나치면 삼켜버리고 부재하면 괴로워지는 신비스러운 존재다. 한편, 주체의 자아와 의식과 정체성의 유기적인 형태며 내적인 인식이자 무의식의 덩어리면서 환원 불가능하고 감추어진 존재를 사는 내면성의 토대이기도 한 자기 자신의 고유한 몸 역시 신비스럽기는 마찬가지다. 에로티즘은 이 같은 신비로운 거울의 유희 속에서 자신의 가장 강력한 원동력 가운데 하나를 발견한다. 에로티즘은 에로스의 진원지이자 특수한 자재인 자신의 몸을 작렬시켜 ― 발

열하게 하여 — 다른 모든 몸들로 퍼지게 한다. 이때의 몸
은 물론 가깝거나 멀리 있는 인간의 몸뿐만 아니라 이 세
상에 존재하는 모든 몸체들을 의미한다. '몸체'라는 단어가
생물학적 몸이나 은하수에 떠다니는 물질의 입자처럼 물
리적인 몸을 포함해 사회적, 정신적, 심지어는 신적인 몸
을 비롯한 모든 대상을 지칭하는 것을 보면, 에로티즘이
존재 양식의 모델로 옹립된 인간의 육체와 결부되면서 얼
마나 경쾌하고 당당하게 그것을 전 우주로 확산되는 빛과
에너지의 중심으로 변화시켰는지를 알 수 있다.

　에로티즘은 우리가 자신의 몸 — 감동시키고 마음을 끄
는 대상을 잡기 위해 언제든 달려들 태세를 갖춘 욕망하는
몸인 동시에, 자기애로 인해 끊임없이 자신에게로 되돌아
오는 애정 충동의 축으로 자기 자신에 의해 욕망되는 몸
— 에 대해 지니고 있는 날카로운 직관을 열매맺게 하는
데 주력한다. 그리하여 에로티즘은 우리 자신의 몸이 때로
일탈과 고통에 이를 정도로 정열적인 숭배와 절편음란증
(fétichisme)의 대상으로 격상되어 몸을 사로잡는 공포의
언저리에까지 이르게 할 만큼 사랑스럽다는 사실과 동시
에, 타자의 몸이 늘 현존하며 우리에게 없어서는 안 되는,
매우 탐나는 대상임을 가르친다. 육체의 에로틱한 유의성
(valence)은 선사시대의 동굴 벽화에서부터 현대의 대도

시를 뒤덮는 사진들에 이르기까지 인류의 역사를 수놓고 있는 수많은 형상들 속에서 자신을 드러내고 있는 반면, 육체의 지위를 축소하려고 혈안이 되어 있는 맹렬하고 살인적인 억압과 권력 앞에서는 한 발짝 뒤로 물러선다. 어떤 사회를 막론하고 인간 사회는 모두 육체의 에로스를 길들여 한 방향으로 유도하든가 아니면 완전히 무력화시키기 위한 반(反)에로스적인 조치와 행위들에 기대어왔다. 치골만 살짝 가리는 삼각형 모양의 조그만 헝겊이든 가느다란 음경 케이스든 혹은 짧은 끈이든, 자유로운 형태로 존재하는 의복의 보편적 기능 혹은 의복의 기원은 아마도 여기에서 비롯된 것일 게다.

에로스가 베일을 썼다가 벗고, 자신을 숨겼다가 다시 드러내는 이 모호한 영역에 속하는 몸에 대해 사람들은 온갖 창의적인 방법을 동원하여 끊임없이 개입해왔다. 그림이나 온갖 종류의 화장과 분장, 문신, 형태 변형, 켈로이드(부풀리기), 절제 등이 그것이다. 인류학이 풍부하게 예를 제공하는 것처럼, 모든 문화란 표현하고 욕망하는 에로틱한 몸과 그것을 타락시키고 상처 입히고 죽이고 삭제하고 폐기시키려는 맹렬하거나 조용한 혹은 절제되거나 파괴적인 (사람들은 심지어 몸을 파괴하고 절단하고 저미고 살육하고 태우기까지 하지 않는가) 반에로스적 조치 사이에서 일어나는 부딪힘과 마찰의 공간으로 정의될 수 있다. 이렇게 대립적인 상황에서 에로스는 결코 억누를 수 없는 저항의 힘을 표출한다.

2
신체 기관

에로티즘은 여전히 보호 장치로 남아 있는 미학적인 방향 전환(예를 들어, '아름다운 나체'라고 말함으로써 나체가 미의 범주로 전환되는 것처럼)이나 궁극적으로 승화로 열린 길인 종교적 열광(말하자면, '하느님의 사랑(amor dei)', 곧 신의 사랑의 실체라고 할 수 있는)에 저항하면서, 총체적인 몸의 순수하게 리비도적인 자율성과 역동성, 풍부함을 지키려고 노력한다. 하지만 에로스가 지속적으로 총체성을 유지하고 총체성에 대한 지향을 보상해주기란 결코 쉽지 않은 일이다. 에로스 역시도 총체성이란 목표 앞에서 자주 뒷걸음질치고 퇴행하게 된다. 강하고 섬세한 전체로서의 몸은 기관들의 상감세공이나 패치워크라 할 수 있는 분할된 몸

앞에서 쉽게 자리를 양보한다. 신체 기관들 각각의 에로틱함이 에로틱한 육체를 분할하면서 군림한다. '기관들의 에로틱함'이란, 리비도가 총체적 몸이 아니라 거기서 고립되고 분리된(때로 도려내고 절단된) 한 기관 혹은 특정 기관들의 복합체로 집중되고, 고정되고, 유착되는 것을 의미한다. 몸을 구성하는 기관들 혹은 몸의 '부분'들은 모두 절편음란증 환자들의 행위에 딱 어울리는 취급을 받을 만하다. 오늘날 유행하는 '단위'라는 말을 붙여 '에로 단위'라고 부를 수 있는 에로스의 최소 단위, 그러니까 가장 기초적인 흥분이 시작되는 데는 페니스 혹은 귀두의 끝 부분, 질 혹은 치모 한 올, 가슴 혹은 가슴 아래쪽 그늘진 부분, 엉덩이 혹은 볼록한 엉덩이선, 입 혹은 촉촉하게 젖은 입술, 다리 혹은 종아리 가운데 어떤 것이라도 살짝 보여주는 것으로 충분하다. 육체에 대한 이 같은 분자화된 시각에서 에로티즘은 총체성에 대한 지향을 포기하게 되며, 그 순간 에로티즘은 어서 빨리 흥에 겨워 취하고 싶어 서두르는 에로 단위들의 다발로 남을 뿐이다.

위에서 인용된 신체 기관들은 대개 그 관능성으로 인해 높이 평가된다. 하지만 그 외의 다른 신체 기관들 역시 결국에는 절편음란증으로 귀결되는 에로틱한 분화를 경험한다. 가장 대표적인 예가 바로 머리칼이다. 네페르티티(Nefertiti)

에서부터 마를렌(Marlène)에 이르기까지 수세기 동안 유행과 부인들을 대상으로 하는 산업은 끊임없이 머리칼을 성적인 것으로 만들어왔고, 알다시피 머리타래에 대한 찬사와 아첨을 담은 시들은 과잉일 정도로 쏟아져나왔다. 발 또한 빼놓을 수 없다. 평평하거나 울퉁불퉁하거나 간에 자신의 케이스, 즉 우아하거나 투박한 신발과 함께 등장하는 발은 고대 중국에서처럼 남성 족 전문의들이 개발한 전족(纏足)이라는 끔찍한 시스템을 거치면서 뼈가 휘어 '연꽃발(金蓮)'로 변화됨으로써 남근이나 질이나 자위 행위를 포함한 모든 성적 활동에서 완전한 성기처럼 사용되어 왔다. 그러나 에로티즘이 전적으로 개인적 감수성의 문제며, 개인적 감수성은 상상 가능한 모든 것을 원천으로 삼는다는 점에서, 우리는 몸과 관련된 어떠한 것도 에로틱한 절차를 피할 수 없다는 사실을 알게 된다. 번쩍거리는 대머리 혹은 풍만한 머리칼, 탐욕스런 눈길 혹은 부드러운 눈빛, 길게 치켜 올라간 속눈썹 혹은 밋밋한 눈꺼풀, 하얀 치아 혹은 담뱃진이 끼어 누렇거나 부스러진 치아, 덤불처럼 짙은 눈썹 혹은 가늘고 긴 아치형 눈썹, 벌렁거리는 넓은 콧구멍 혹은 좁은 콧구멍, 두꺼운 귓불 혹은 얇은 귓불, 가느다란 목 혹은 두꺼운 목, 볼록 튀어나온 배꼽 혹은 움푹 들어간 배꼽, 털이 무성하며 냄새를 풍기는 겨드랑이 혹은

털을 밀어버린 겨드랑이, 유방에 난 털 한 오라기 혹은 늘
어진 젖을 생각해보라. 또한 당연히 모든 종류의 분비물과
체모, 거기다 마치 지도에서처럼 개인적 특성에 따라 매혹
적인 혹은 혐오스러운 오톨도톨한 표면이 생기고, 돌출 부
위가 생기며, 작은 구멍과 언덕이 만들어지고, 도랑과 구
덩이가 패이고, 선과 자국이 그려지고, 딱지와 비늘이 내
려앉은, 상처와 흔적이 생기고 접힌 부분과 주름이 만들어
지고, 형태가 지닐 수 있는 결점과 장점이 넘쳐나는 환상
적인 대륙으로 변모되는 피부의 세밀한 풍경들을 잊어서
는 안 된다. 애무라는 것이 뭔지 모르는 사람들은 피부를
불법적으로 대할 수밖에 없다. 이런 상황에서 내적 기관들
의 에로티즘은 극단적인 두 방향으로 양분되어 자유롭게
펼쳐지게 된다. 하나는 잭 레방트뢰르(Jack l'Eventreur)[2]의
이야기나 데이빗 크로넨버그(David Cronenberg) 감독의 영화 「
데드 링거즈(Dead Lingers)」에서 강박적으로 뱃속을 헤집
고 절단하는 신경증에 걸린 산부인과 의사의 모습에서 볼
수 있는 죽음을 지향하는 경향이며, 다른 하나는 일련의
내밀한 감각적 느낌과 비교해볼 때 임산부가 점점 부풀어
가는 자신의 배, 그러니까 태초의 고유한 생식적인 에로스
의 핵이자 또 다른 나 자신이면서도 낯선 외부인인 태아라

---

2) '배를 가르는 잭'이란 뜻임.

는 존재를 담고 있는 놀라운 용기인 자신의 배에 대해 지니는 인식으로 특징지어질 수 있는 생명지향론적인 경향이다.

상대적으로 안정되고 일관성 있는 형태라고 볼 수 있는 총체적인 몸과, 에로스가 그들 사이에서 맹렬한 기세로 구부러지고 멈추고 길을 잃는 해부학적으로 나뉜 다양한 신체 기관들 사이에서, 에로티즘과 관련해 최고의 지위를 누리는 것은 생명 유지에 필수적인 기능과 직접적으로 관계된 기관들이라고 할 수 있다. 즉, 번식의 기능을 수행하는, 대개 '생식 기관'으로 통칭되는 남성 성기 페니스나 여성 성기 질과 더불어, 영양 공급 기능을 수행하는 두 개의 구멍, 그러니까 흡수의 통로인 입과 배설의 통로인 항문이 그것이다. 여기서 우리는 개체의 생존을 보장해주는 자아 본능 혹은 자기 보존 본능과 종족 보존의 책무를 띤 성 본능이라는 프로이트적 이중성을 찾아볼 수 있다. 성기, 입, 항문은 에로티즘의 기본이 되는 삼연식 제단화(tryptique)를 형성하며, 에로티즘에 마르지 않는 원천을 제공한다. 이 세 개의 기관들은 리비도 — 말하자면, 모든 에로티즘의 신경이라 할 수 있는 — 라 불리는 성적 에너지가 멈추지 않고 활기차게 운행할 수 있는 원천이요 근거지요 대상이다.

3
리비도

에로티즘의 신경이라고 할 수 있는 리비도는 에로티즘과 떼려야 뗄 수 없는 관계다. 에로티즘은 다양한 모습으로 변화하는 리비도의 'étalage' ― 진열창을 비롯해 상품의 포장 뜯기, 공급, 디스플레이, 지나침, 과시, 남용, 퍼레이드, 허풍을 포함하는 모든 의미에서 ― 에 불과하다고 할 수 있다. 좀더 시적으로 얘기하자면, 에로티즘은 리비도의 무훈시이자 서사시, 다시 말해 리비도의 『일리아드(*Illiade*)』요, 『오디세이아(*Odyssée*)』 ― 커다란 그리스 범선이 끝없이 대양을 항해하고, 사이렌들이 유혹의 노래를 멈추지 않고 떠돌아다니며, 구애자들을 물리치기 위해 밤마다 낮에 짰던 천을 풀었다가 다시 짜는 매혹적인 페넬로페의 기다림

에도 아랑곳없이, 여인들 곁에서 방탕한 생활을 하며 이타
크로의 귀환을 끝없이 연기하는 율리시즈가 등장하는 바
로 그 『오디세이아』—라고 할 수 있다. 좀더 산문적으로
말해보자. 리비도와 본능에 관한 정신분석학적 개념의 주
된 내용은 에로티즘에 대한 실질적인 입문서라 할 수 있
는, 1905년에 출간된 프로이트의 짧은 글 『성욕에 관한 세
편의 에세이(*Trois essais sur la théorie de la sexualité*)』
(1905)에 집약되어 있다. 청신분석학과 에로티즘은 서로
연대하고 보완하는—둘은 상호간에 유효성을 인정하고
예증하며 평가한다—방법을 통해 문화 내에서 그들의 위
상과 영향력을 인정하는 특징적인 자료를 구성한다. 정신
분석학에서나 에로티즘에서나 성 본능은 인간 존재의 제
도 속에서 지배적인 힘이자 기본 구조로 자신을 드러낸다.
정신분석학과 에로티즘에 '범성욕론'이라는 논쟁적 칭호
가 붙게 된 것은 바로 이런 이유에서인데, 여기서 말하는
범성욕론은 모든 것이 성적임—그럼으로써 결국에는 듣
는 이를 지치게 만들게 되는—을 의미하는 것이 아니라,
성적인 것이 도처에, 모든 것 속에, 심지어는 죽음 속에도
편재함을 의미한다. 정신분석학과 에로티즘은 또한 성 충동
이란 자기장 속으로 이끌린 다른 충동들이 거기에서 어떻
게 교차하고 다시 옷을 입으며 용해되는지 명확하게 보여

준다. 예를 들어 자기 보존 본능과 배고픔, 지배 본능(libido
dominandi)과 권력, 인지와 지식 본능(libido sciendi)과 죽
음의 충동(thanatos)은 에로티즘이 정신분석학자들의 분파
나 동업 조합에 속한 이들의 소심한 담론이나 다변보다 훨
씬 더 대담하게 탐색하고 조사하고 드러내보이는 조합과
교환의 메커니즘 속으로 들어가기 위해 항구적으로, 때론
격렬한 난투를 벌이면서 움직이고 합쳐진다.

리비도를 성적 에너지로 정의한 프로이트는 자신의 후
배이자 라이벌인 융(K. G. Jung)의 박학한 저작 『리비도의
변형과 상징(*Métamorphoses et symboles de la libido*)』
(1911~1913)에 맞서, 그것의 원초적인 내적 힘이 지닌 성
적인 특수성을 강조하면서, 그것을 너무나 통합적인 나머
지 결국에는 아무거나 다 포함하게 되는 정신 에너지의 범
주에 넣어 용해시키기를 거부했다. 에로티즘은 프로이트
가 「대중 심리와 자아 분석」이라는 논문에서 리비도의 근
원적 본질에 대해 인정했던 바와 같이 아주 중요한 의미의
확장을 겪게 된다. "리비도는 정신 반응 이론에서 빌려온
용어다. 우리는 '사랑'이라는 말로 요약할 수 있는 것과 관
련된 모든 경향들을 에너지(양적인 수치를 가진 것으로 간
주되지만, 아직 측정할 수는 없는)라 칭한다. 사랑이라 불리
는 것의 핵심은 당연히 일반적으로 사랑이라 알려진 것들

과 시인들이 노래한 것, 즉 궁극적 목표가 성적 결합에 있는 성적인 사랑에 의해 형성되는 것이 사실이다. 그렇지만 그렇다고 해서 사랑의 모든 변형들, 즉 자기애나 부모 자식에 대한 사랑, 우정, 보편적인 인류애를 사랑의 관념에서 분리시킬 수는 없고, 구체적인 사물 혹은 추상적인 관념에 대한 집착 역시 마찬가지다." 이런 이유로 프로이트는 리비도를 확실하게 육체와 신체 기관 속에 뿌리내리게 하고, 그것의 동질로서 억제할 수 없는 '쾌락 원칙'을 부여하는 방법을 통해, 리비도의 고유한 성적 에너지 — 그가 오늘날까지도 파렴치한 것으로 여겨지는 유아기의 성욕 발달에 관한 분석을 제시하면서 증명하고자 했던 — 를 보존하고자 했다. 리비도의 성적 에너지는 주요 성감대 세 곳에 차례로 집중되면서 구강 리비도, 항문 리비도, 남근 리비도로 이어지는 리비도의 결정적 발달 단계를 구성한다. 프로이트가 말하는 '성적 결합', 즉 오르가슴과 수정을 위한 것으로 여겨지는 사정을 통해 정점에 달하는 서로 합의한 성인들 간의 이성적 결합으로서의 성교 — 한마디로 생식 리비도라 할 수 있는 — 가 오늘날 성애의 규범으로서 합당한지에 대한 문제 제기가 지속적으로 있어왔고, 실제로 인간의 성생활에서 점차 뒷전으로 밀려나고 있기는 하지만 여전히 항구적이고 보편적인 기준으로 남아 있음을 감안한다면, 이들은 분명 에로티즘이 선호하는 세 개의 주요 영역임에 틀림없다.

구강 리비도는 갓난아이의 양분 섭취 욕구와 관계된 활동과 연관되어 있다. 구강 리비도의 중심은 첫 번째 성감대라고 할 수 있는 구강 부분이다. 입 — 입술과 혀 — 은 놀랄 만한 힘과 통제력을 지닌 채 생명에 필수적인 기능을 수행한다. 입이 평생을 써도 다 써버릴 수 없는 많은 성적 에너지를 소유하는 영광을 누릴 수 있는 것은 어릴 때 누구에게나 절실했던 빨기의 욕구가 강하게 각인되어 있기 때문일 것이다. 어쩌면 인간은 죽음에 대한 지나친 공포 없이 마지막 숨을 거둘 수 있기 위해 자기도 모르게 그것을 조금 남겨두고 있는 것은 아닐까? 젖을 빠는 즐거움은 단순히 양분을 섭취하는 만족감으로 축소되지 않는다. 젖을 실컷 먹은 아이도 계속해서 젖꼭지를 빨며, 촉촉하게 젖은 입을 벌린 채 게슴츠레한 눈으로 일종의 충족감이나 만복 상태, 황홀감을 드러내는 아기의 표정은 종교적 황홀경을 비롯해 수많은 에로틱한 이미지들이 지속적으로 복제하게 되는 행복의 관념과 근접한 것이다. 엄지손가락 빨기나 이불귀 혹은 인형 같은 다양한 '과도 대상'에 대한 집착은 입이 지니는 리비도적 에너지의 하중을 확인시켜준다. 입은 영양분과 말의 필연적인 에로틱화 과정을 말하지 않더라도 키스나 오랄 섹스처럼 널리 알려진 행위들을 열성적으로 부양하게 될 것이다.

항문 리비도는 어린아이가 점차적으로 자신의 배설 활동에 보이는 관심으로 특징지어진다. 항문 괄약근은 복잡하면서도 애매한 성감대로서 기능한다. 일상의 근심이라고 할 수 있는 배변은 개인적인 차원에서 뿐 아니라 사회적, 문화적 차원에서도 결정적인 영향을 미치게 되는 불가피한 일단의 여건 ─ 생성과 배출, 대변을 이루는 물질, 규율과 정체(停滯), 상실과 증여의 감정, 혐오와 불안, 호기심의 감정 등 ─ 의 중심에 놓인다. 정신분석학의 발명 역시도 항문 리비도와 그의 적용에 대한 관심에 많은 부분을 빚지고 있다. 1897년 자신의 친구 빌헬름 플리스(Wilhelm Fliess)에게 보낸 편지에서, 프로이트는 이 문제에 관해 특별히 관심이 있음을 표명하고 있다. '하다(faire)'라는 동사를 '요강'과의 관계를 통해 환기시키면서, 프로이트는 이렇게 쓰고 있다. "나의 오래된 환상 중의 하나는, 우리의 동사들이 원초적으로 분뇨 성애적인 용어들로부터 파생되었다는 것이다. 현대판 미다스처럼 내게서 오물로 변해버리는 모든 것을 너에게 전부 열거할 수는 없다. 그것은 내적인 악취 이론과 완전히 일치한다. 그리고 특히 돈은 그 자체가 악취를 풍긴다." 항문 부위가 지니는 성욕을 자극하는 성질은 이처럼 인간 활동의 본질적인 다양한 측면까지도 강렬하게 물들인다. "인간들이 항문 부위와 항문의 활동, 더 나아가 그 배설물들에 대해 쾌락을 느끼면서 탐닉하는 것은 보편적인 현상"이라는 사실을 원칙으로 내세우면서, 프로이트는 「성격과 항문 성애」라는 논문에서 인색함과 고집스러움, 세심함과 같은 주요 성격적 특성이 항문애에 의해 결정된 한 개인의 사례를 소개했는데, 이 사례를 통해 그가 발견한 것은 바로 대변과 돈 사이의 등가성으로 이는 곧 경제 메커니즘, 특히 자본주의의 기원과 다양한 문화 체제 속에서 행해지는 교환의 제의와 실천 양식에 대한 분석으로 이어진다(에른스트 본맨이 『돈의 정신분석학(*Psychanalyse de l'argent*)』(1978)이라는 책에 모아놓은 텍스트들).

프로이트의 뛰어난 제자인 페렌찌(Sandor Ferenczi)가 반에로스적인 임무를 띠고 있는 청결, 순결, 규율, 청교도주의의 강박 관념에 의해 지배당하는 '항문의 윤리'가 항문애로부터 형성된다는 사실을 환기시킨다면, 또 다른 제자인 루 안드레아스 살로메(Lou Andreas-Salomé)는 자신의 연구 「'항문적인 것'과 '성적인 것'」에서 배설 기관과 성기 사이의 관계를 강조하고 있다. "실제로 항문적인 과정과 성기적인 과정 사이에는 많은 유사점이 있지 않은가?

이는 두 기관들이 완전히 성숙하기 전의 초기 단계에서만 그런 것이 아니라 성적인 성숙 단계에서도 마찬가지가 아닌가? 이런 이유에서 우리는 항문 성애로의 퇴행이 아주 중요한 신체적인 지지의 혜택을 받고 있다고 생각한다. 생식 기관이 배설강과 근접해 있음은 우연이 아니며, 여자들의 경우 성기는 사실상 항문에서 빌려온 것일 뿐이다." '질은 항문에서 빌려왔다'는 명언으로 요약될 수 있는 마지막 지적은 루 안드레아스 살로메의 분석이 항문 리비도가 죽음의 충동과 맺고 있는 관계를 유지하면서도, 그것의 '악마적인' 비전을 벗어나 항문 성애의 긍정적인 유의성을 이해하는 데 결정적인 기여를 하고 있음을 확인시켜준다. 긍정적인 항문 성애에 대한 이해는 이 분야에서 행해지는 풍부한 에로틱한 생산물들을 명확히 해주는 한편, 그것들에 의해 설명될 것이다. 세속적인 언어 역시 항문 성애를 자기 방식대로 재평가한다. 엉덩이를 지칭하던 'cul'이란 단어는 이제 성애와 관련된 모든 것을 포함하여 지칭하게 되었고, 흔히 듣게 되는 'histoire de cul'이라는 표현은 그것이 정치에서든 직업에서든 문화에서든, 아님 다른 어떤 것에서든 간에 모든 종류의 정사(情事)를 규정하는 말로 사용되고 있다. '에로티즘이란 무엇인가?'라는 질문에 대해, 대다수의 프랑스 사람들은 아마도 'histoire de cul'이라 대답할 것이다. 그를 대체할 좀더 상스러운 표현인 'histoire de queue' 혹은 아주 드물게 'histoire de bitte'와 같은 표현들은 이제 그 세가 약화된 것이 사실이다.[3]

리비도의 발달 단계 중 세 번째인 남근기의 특징은 어린 아이가 자신의 성기와 그것이 내포하고 있는 잠재적인 쾌락 그리고 성기가 행하는 기능과 더불어 그것이 야기하는 혼란스러운 의문들에 대해 관심을 갖게 된다는 데 있다. 성기와 관련해 아이가 갖게 되는 첫 번째 의문은 바로 남성 성기인 남근과 여성 성기인 질 사이에 존재하는 해부학적 차이점과 관련되어 있다. 프로이트에 따르면, 남자아이가 당장 사용할 수는 없어도 발기했다는 사실만으로 우쭐함을 느끼게 되는 과시할 만한 물건을 소유했다는 사실을 자랑스러워하는 반면, 여자아이는 자신이 남근과 유사한 어떤 것을 가지고 있지 않다는 사실에 놀라고 절망한다는 것이다. 프로이트는 이러한 점에 착안하여 '남근 선망'이라는 가정을 발전시키는데, 이 남근 선망이야말로 여성의 성생활을 결정적으로 방향 지을 뿐 아니라, 그것이 탐욕스럽고 격렬하면서도 강박적이기 때문에 계속해서 남근 소유자와의 섹스를 추구하는 원천이 될 수도 있다. 섹스에 탐

---

3) 프랑스어에서 속어로 엉덩이를 뜻하는 'cul'은 구어에서 성행위나 성적 대상으로서의 여자 혹은 여성의 성기를 가리키는 폭넓은 의미를 지니게 되었으며, 'queue'와 'bitte'는 모두 속어로 남성 성기를 의미한다.

닉하는 '쉬운' 여자들과 한 번의 섹스로는 성이 안 차서 여러 번을 요구하는 색광녀들 혹은 자기의 의지로 창녀가 된 여인들을 전면에 내세우길 좋아하는 에로 영화나 에로 문학이 지속적으로 이야깃거리를 찾고 번성하는 것은 바로 논란의 대상이 될 수 있는 이런 종류의 사상에 근거해서다.

인간 조건과 에로티즘의 역선(力線)이라고 할 수 있는 성적 차이는 생식에서 성기가 행하는 역할에 대한 아이의 조숙한 질문과 밀접한 연관이 있다. 대체 아이는 어디에서 오는 걸까? 자위 행위를 할 때 요의(尿意)만큼이나 쾌락을 느끼게 하는 이 기관들은 대체 무엇에 사용되는 걸까? 여기에는 성인들이 대개의 경우 만족시키기를 주저하거나 내켜하지 않는 본질적인 호기심이 표현되어 있다. 그리하여 나중에 그에 대한 객관적인 지식을 획득하게 된 다음에도, 이 질문에 대해선 단순한 생식의 문제를 넘어 여전히 '신비로움'의 형태로 격렬한 앎의 욕구를 유지시키면서 성애의 모든 분야로 확산되는 모호하면서도 다급한 기다림 — 바로 에로티즘이 애써서 일하는 선호 영역인 — 이 지배하게 된다.

구순기, 항문기, 남근기의 세 단계를 리비도 발전 단계 중 '전 성기기'로 규정하면서, 정신분석학은 이러한 단계들이 유기체 차원에서의 전반적인 성장 — 키, 몸무게, 발모 상태, 생리, 사정, 가슴 발달 등 — 과 더불어 성기의 성숙으로 특징지어지는 사춘기를 통해 성기기로 들어가는 전 단계임을 암시하고 있다. 프로이트는 이를 다음과 같이 설명한다. "이제 새로운 성 목적이 나타났고, 모든 성 본능들이 그것을 얻기 위해 결합하는 한편, 성감대들은 가장 우월한 성기 부위에 속하게 된다. (…) 성 본능은 이제 생식 기능에 종속된다." 프로이트가 내세운 성기 리비도의 생식의 목적은 생물학적, 종교적, 도덕적 요구에 부합하기는 하지만, 각자가 앞으로 행동하고 알게 될 경험들과 관찰들에 대해서는 여전히 불확실한 것으로 남아 있다. 사실 에로티즘은 프로이트의 사상이 밝혀낸 정신의 역동성에 대해 견고한 뒷받침을 제공하면서도 인간의 성생활이라는 것이 이러한 분석적 범주를 넘어선다는 사실을 강력하고 명확하게 보여준다. 이렇게 본다면, 리비도의 발전 단계에 대해 미세한 차이를 고려한 좀더 완벽한 도식을 만들 수 있을 때만 손과 근육, 피부, 클리토리스, 복부의 에로티즘들과 더불어 다양한 감각의 적용에 대해 명확하게 밝힐 수 있을 것이다.

모든 성 본능들과 전 성기기의 단계를 생식 조직의 지배와 권위 하에 놓는 리비도의 위계 서열화는 성기가 지배적인 '발전적' 리비도의 흐름과 전 성기기와 유아기로 향하는 '퇴행적인' 리비도의 흐름을 구분하며, 에로티즘과 포르노그라피의 이분법을 암시하게 된다. 즉, 긍정적인 의미를 내포하는 에로티즘은 일관성과 균형, 사회적 가치와 만개의 요소인 생식력을 매개로 해서 완전한 성애를 표현하는 임무를 띠게 될 것이다. 반면, 부정적인 이미지와 경멸로 얼룩진 포르노는 전 성기기 단계에 집착하면서 인류의 역사 속에서 비도덕, 추함, 타락, 더 나아가 범죄라는 비난 하에 지탄의 대상이 되어왔던 '변태'의 항목 하에 분류되는 행위들이나 증상들 — 사디즘, 마조히즘, 관음증, 노출증, 식인 환상, 절편음란증, 복장도착증, 호분증 등 — 을 선호하면서 사회와 도덕, 문화의 가치를 떨어뜨리는 데 주력하게 될 것이다. 이처럼 에로티즘과 포르노의 차이가 줄곧 법과, 규범, 성숙도, 목적성처럼 이데올로기적 특성을 지닌 기준들로 결정되었다면, 좀더 내밀한 요소들 역시 둘 사이의 차이를 드러내는 데 기여할 수 있다. 예를 들어 자신 혹은 상대에게 가하는 폭력과 고통의 정도, 파트너의 자율성, 관용, 책임감, 섬세한 배려와 같은 모든 요소들이 성애에 내재하는 자기 규율적인 합법성과 본질적으로 개인적인 성애의 질을 결정하는 요소가 되는 것이다.

4
욕망

정신분석학적 개념으로 기능하는 '리비도'란 용어는 성적인 에너지, 아니 좀더 일반적으로 본능적인 에너지를 지칭한다. 더 흔한 용법으로 이 용어는 대개 일종의 억누를 수 없는 욕망이나 욕구로 간주되는 성적인 동기 부여, 성적 흥분 혹은 간지러움의 쾌감에 결부되는데, 이는 성애를 과소평가하기 위한 일상적인 방법이다. 누군가 성애가 포함하는 광대한 규모와 선동의 힘을 되찾길 원할 때, 무엇보다 먼저 머리에 떠오르는 것이 바로 '욕망'이라는 단어일 것이다. 성애를 바탕으로 인간 구조를 확립하길 원했던 정신분석학은 욕망이라는 단어에 지나치게 에로틱한 성질을 부여하게 되었고, 그 결과 욕망은 곧 성적 욕망의 동의

어가 되어버렸다. 그리하여 테네시 윌리엄스(Tennessee Williams)의 소설이나 이 소설을 영화화한 엘리아 카잔(Elia Kazan)의 경우 '욕망'이라는 단어에서 풍겨나오는 강렬한 에로티즘의 분위기 덕분에 『욕망이라는 이름의 전차(Un tramway nommé Désir)』(1951) — 말론 브란도라 명명된 섹시한 기관차에 의해 견인되는 — 가 어떤 레일 위를 달리고 있는지 명시할 필요가 없었다. 좀더 가까운 예로, 스페인 영화 감독 페드로 알모도바르(Pedro Almodovar)의 경우, 자신이 사랑이라는 감정의 어둡고 신경증적인 비밀과 얽힘을 계속해서 탐색해나가고 있음을 확인시키기 위한 방편으로 영화의 제목을 「Libère-nous du désir」(1998)로 명명한 — 몇몇 이들이 발음상의 혼동으로 'L'Ibère noue du désir'로 듣기도 했던 — 것을 들 수 있다.4) 이와 관련해서 음악에 대한 사랑만큼이나 사랑을 노래하는 음악에 대한 찬가라고 할 수 있는 대하 소설 『장 크리스토프(*Jean Christophe*)』의 저자인 로맹 롤랑(Romain Rolland)이 자신의 자서전 『내면 여행(*Le voyage intérieur*)』에 써놓은 서정적인 구절을 살펴보자. "첫 번째 아이인 욕망, 모든 것은 — 순수하든 불순하든 — 그 안에 있다. 옛 화가들의 그림에서 갓난아이가

---

4) 'Libère-nous du désir'는 '우리를 욕망에서 해방시켜달라'는 뜻인데, 프랑스어 발음이 비슷하기 때문에 'L'Ibère noue du désir', 즉 '이베리아인은 욕망에 묶여 있다'로 들릴 수 있다.

들고 있는 금속제의 둥근 구가 이미 세상의 모습을 비추듯이, 우리의 첫아이인 욕망의 눈에서 축소판이지만 앞으로 다가올 우리의 모든 욕망들 — 미지의 신들, 나무 꼭대기와 샘들, 도도함과 부드러움, 승리의 태양, 실패의 부드러운 그림자, 과일과 같은 입술, 입술과 같은 팔, 관계로부터 유래되는 쾌락 그리고 그 관계들을 끊어버리는 강한 손의 취함까지 — 을 읽을 수 있다. 이 모두에겐 이름이 있으니 그것은 사랑, 생명의 중심인 사랑이다." 들뢰즈(Gille Deleuze) 와 가타리(Félix Guattari) 역시 공동 집필한 『앙티 오이디 푸스(*L'Anti-Œudipe*)』(1972)에서 "욕망의 노래"를 부른다. "욕망은 생산 능력으로 삶을 끌어안는다." 니체주의자인 그들은 "욕망은 유배요 욕망은 사막이다"라고 외친다. 하지만 이는 "집단적인 유배요 사막"으로, 해방의 공간이자 길을 의미한다.

"모든 것은 그 안에 있고" 그것은 모든 것 안에 — 그러나 텅 빈 채로 — 있다. 즉, 욕망은 늘 "어디에선가" 충족되지 못한 상태로 존재하기 때문에 많은 심리학적, 도덕적, 철학적 혹은 신비학적 사고들은 이를 "결핍"이라는 단어로 묘사한다. 인간을 이러한 본원적인 결점 혹은 불행에서 해방시키길 원하는 몇몇 사고들은 욕망의 근절을 주장하기도 한다. 불교에서 말하는 열반(Nirvana)은 고통을 없애

고자 하는 목적과 더불어 무엇보다 "갈망 혹은 욕망의 파괴"로 정의된다. 사람들이 묻기를, "사리푸타(舍利弗)여, 열반, 열반하고 말하는데, 대체 열반이란 무엇인가?" 그러자 그가 대답한다. "벗이여, 무릇 열반이란 욕망의 소멸, 증오의 소멸, 어리석음의 소멸을 일컫는다."

　근접한 맥락에서 "향유할 능력 혹은 기회가 완전히, 즉 영구적으로 폐기되는 것에 대한 두려움", 그러니까 좀더 근본적으로는 욕망의 소멸에 대한 두려움을 지칭하고자 정신분석학자 존스(Ernest Jones)는 '아파니시스(aphanisis)'라는 개념을 도입한 바 있다. 욕망이 소멸된다는 것은 아마도 인간 존재가 느낄 수 있는 가장 극단적이고 공포스러운 두려움임에 틀림없으며, 에로티즘이 아주 격렬한 분노에 휩싸여 욕망의 계략을 세우는 것은 바로 이러한 두려움에 맞서기 위해서다. 만일 흡혈귀의 행위가 극단적이며 끔찍하기는 하지만 부인할 수는 없는 에로티즘의 한 양식이라고 간주하면서, 오늘날까지도 사람들을 공포에 떨게 하는 흡혈귀 신화 중의 하나로 관심을 돌려본다면, 우리는 '어둠의 세계'를 다루면서 '골콩드(Golconde)'라고 불리는 신비로운 상태를 환기해주는 역할 놀이에 주목하게 될 것이다. '골콩드'는 나이가 많고 강력한 뱀파이어들, 특히 '미지인'으로 규정되는 '마투살렘'들만이 도달할 수 있는 상태로, 초연함과 피에 대한 갈망, 그러니까 '짐승'으로 불리는 모든 흡혈귀적 욕망의 소멸을 특징으로 하는 경계 상태로, "뱀파이어가 자신 안에 살고 있는 '짐승'을 통제하고 길들이고 그것의 분노와 광기에 대해 스스로를 무감각하게 만드는 은총의 상태"를 뜻한다.

그것이 열반이든 아파니시스든 골콩드든 혹은 또 다른 어떤 형태든 간에 욕망의 억누름, 후퇴, 소멸은 에로티즘에 어울리지 않는다. 에로티즘의 탁월한 동화력이 고행과 결핍 혹은 부재(추방이나 사막)를 자신에게 유리한 방향으로 돌리게 한다 해도, 에로티즘은 욕망의 소멸이라는 어떠한 생각에 대해서도 저항한다. 프로이트적인 몽환증보다 훨씬 열성적인 에로티즘은 '욕망의 완성'이 되길 희망한다. 성욕을 최고조의 상태로 끌어올리기를 욕망하는 에로티즘은 극단적이고 과다하다는 점에서 절대까지 밀고 나간 광기라고 할 수 있다. 이런 점에 근거해서 에로티즘과 포르노그라피의 미묘한 차이를 끌어낼 수 있을 것이다. 에로티즘의 극한 혹은 극치는 에너지의 분출로서 그 가치를 인정받는 반면, 포르노그라피는 대상의 소유나 만복의 감정에 만족할 것이기 때문이다. 여기서 체험 시간의 개념이 중시될 수 있다. 에로티즘이 아주 세게, 강렬하게 지속되는 순간이라면, 포르노그라피는 재빨리 왔다가 금방 사라져버

리는 순간이다. 다른 식으로 비교해보자면, 포르노그라피
는 신경증적이고 에로티즘은 편집증적이라고 할 수 있겠
다. 하지만 이것은 흔적과 영상과 말과 세계관의 생생하게
살아 있는 원천인 욕망의 전능함과 격정을 아주 조금 암시
한 것에 불과하다.

제2장

표현

흔적
영상
말

에로틱한 소문들과 포르노를 상기하는 장면이나 소리들이 떠다니는 소란스런 거리, 그곳에서는 몸과 몸짓과 시선과 냄새와 꿈들이 은밀하게 혹은 과감하게 밀려왔다 금방 밀려가는 리비도의 물결 위를 떠다니거나 그렇지 않으면 노스탤지어나 공격성에 기댄 채 수많은 대중 속에서 금세 삼켜지고마는 매력적인 실루엣의 뒤꽁무니에 시선을 고정시킨 채 흘러다닌다. 근대의 도시 — 아니 윌리엄 블레이크(William Blake)가 자신의 시 「예루살렘」에서 "지상의 모든 왕들을 지배했던 위대한 도시 바빌론, 바빌론은 창녀다. 지상의 왕들이 그녀와 함께 간음을 저질러왔다"고 읊은 것을 상기한다면, 태초부터 존재한 모든 도시에 해당하

겠지만 — 는 사람들이 외설적이라 부르는 행위들부터 시작해서 단지 몇 초 만에 솟아올랐다 무너져내리는 미친 듯한 환상의 구조물에 이르기까지 사방에다 유혹의 신호를 보내고 있는 마녀들의 솥단지처럼 끓어오르는 거대한 에로티즘의 용광로다.

1
흔적

■ 말풍가(Malpunga)부터 질가메슈(Gilgamesh)까지

  사람들은 보행자 거리를 일렬로 혹은 나란히 서서 분주히 오간다. '걷다', '가다'의 뜻을 지닌 라틴어 'ire'와 '함께 가다'는 의미의 'coire(coeo, coii, coitum)'에서 프랑스어로 '성교'를 뜻하는 'coït'가 파생되었다. 이 같은 단어의 어원은 인류학자이자 정신분석학자인 게자 로하임(Geza Roheim) 이 오스트레일리아 원주민들이 물과 동물군, 식물군을 아우르는 공간에 대한 내적 지식이 있어야만 생존할 수 있는 광대한 사막 지역을 통과할 때, 가시덤불 속에서의 길고 험한 여정을 어떤 방식으로 '리비도화'시키는지 설명하는

근거가 된다. 이는 마주치는 풍경의 특색을 에로틱한 색채와 흔적으로 장식하는, 조상 대대로 내려오는 일종의 신화의 영향으로 형성된 지식이다. 자신의 저서 『오스트레일리아 신화에 나타난 남근적 영웅과 모성적 상징(*Héros phalliques et symboles maternels dans la mythologie australienne*)』에서 로하임은 "신화는 매일의 생존을 위한 고통스러운 투쟁이나 뙤약볕 속에서 이뤄지는 피곤한 전진을 전한다기보다는 오히려 영원한 발기의 상태, 영원한 성욕의 상태를 묘사한다"고 이야기한다. 그 중에서도 가장 멋진 신화는 바로 영웅적인 조상 말풍가의 여행 편력이다. 그는 성기가 너무 길어 땅에 질질 끌렸기 때문에 앞으로 한 발자국 전진하려면 그것을 어깨 뒤로 걸쳐놓을 수밖에 없을 정도였고, 그의 행위들 — 먹고, 마시고, 사냥하고, 성교하고, 배뇨하고, 배변하는 — 은 어떤 것이든 풍경 속에 원주민들의 일상과 제의와 꿈에 리듬을 부여하는 구체적인 리비도의 흔적을 남긴다(『남근적 영웅과 모성적 상징』의 원제인 『꿈의 영원한 존재들(*The Eternal Ones of the Dream*)』).

오스트레일리아 원주민들 사이에 알려져 있는 말풍가는 다른 위대한 신화적 인물들과 마찬가지로 문명을 전파한 영웅적 선조다. 한편, 신화이자 역사에 속하는 질가메슈 —3분의 2는 신이요 3분의 1은 인간인 — 의 경우는 국가

건립 영웅으로서, 기원전 2800~2600년경 쉬베르를 통치하고 도시국가인 우룩의 성벽을 건설했다. 그의 행적은 1세기가 넘는 연구 기간을 통해 복원되어 세상에 알려진 가장 오래된 인류의 서사 담론인 『질가메슈의 서사시 (*L'Epopée de Gilgamesh*)』를 구성하고 있다. 여기서 주인공을 다양한 모험과 실패로 이끄는 이원성과 투쟁은 꿈의 이미지에 충실한 심리학적 감각으로 다루어지고 있다. 그런데 이 서사시에서 조상의 역할을 맡아 에로스의 창조력을 구현하는 것은 바로 신들이 질가메슈의 벗이 되라고 내려보낸 앙키두라는 인물이다. 앙키두는 생식의 여신 아루루가 던진 한 줌의 진흙덩이에서 불쑥 솟아올라 마치 짐승처럼 원시 상태에서 살았다. "그의 몸은 털로 덮여 있고, 머리칼은 여자의 그것처럼 길었다. 야생의 동물들과 함께 어울려 지내는 그의 마음은 늘 행복했다." 야생의 상태로 살고 있는 그가 인간의 문명과 진정한 인간성에 도달할 수 있게끔, 질가메슈는 그에게 고급 창녀를 보내 그를 새로운 세계로 입문시킨다.

"여인이 옷을 벗어 가슴을 드러내고 알몸을 노출시키자 앙키두는 매혹적인 육체를 보며 흥분을 느낀다. 여인은 피하지 않고 그에게서 욕망의 불씨를 지핀다. 여인이 앙키두의 옷을 벗기자 앙키두는 그녀에게로 쓰러진다. 여인은 이

순진하고 야성적인 남자에게 여성이 가르칠 수 있는 것을 모두 가르친다. 그는 그녀를 소유하고 그녀에게 애정을 느낀다. 여섯 날과 칠일 밤 동안 쉬지 않고 앙키두는 계속해서 여인을 탐닉한다.”

이 강렬한 성적 행위가 끝나자 “그의 마음과 정신은 무르익었고”, “앙키두는 그녀의 팔에 안긴 채 삶의 쾌락과 기쁨을 알게 되었다.” 완전한 인간이 된 앙키두는 질가메슈를 다시 만나 그의 모든 모험에 참여한다. “인간이라면 누구나 겪는 운명”, 즉 죽음의 순간이 그들을 갈라놓을 때까지. 앙키두가 죽었을 때 질가메슈는 절망한다. “나는 밤낮으로 그의 죽음을 애도했고, 여섯 날 칠일 밤 동안 울었으며, 벌레가 그의 얼굴을 뒤덮을 때까지 여섯 날 칠일 밤 동안 그의 시체를 곁에 두고 있었다. 이제 내가 그토록 사랑했던 친구는 다시 진흙이 되었다.” 이 시는 아주 놀라운 대칭 구조를 통해 흙에서 나서 다시 흙으로 돌아가는 인간의 삶과 죽음 외에도 인류의 창조적인 생식 활동과 죽음과 장례의 작업에 소요되는 시간, 즉 여섯 날 칠일 밤을 나란히 배열하고 있다. 이런 의미에서 『질가메슈의 서사시』는 에로스와 타나토스 사이의 밀접한 관계를 명확하게 보여주고 있다고 할 수 있다. 죽음에 저항하기 위해 또다시 동원되는 것은 바로 에로스다. 친구의 죽음 이후 비탄에 잠

겨 넋이 나간 채 방황하는 질가메슈에게 분명 여신 이슈타
르의 변신임에 틀림없을 술집 여주인 시두리 사비투는 이
런 충고를 던진다. "낮이나 밤이나 행복하세요. 춤추고 즐
기고 인생을 날마다 기쁨과 쾌락의 축제로 만드세요. 팔을
잡아끄는 아이를 사랑해주고, 당신 품에 안긴 아내를 기쁘
게 해주세요." 조상 대대로 전해 내려오는 이 같은 에로티
즘에 대한 일차적인 비전은 메소포타미아 신화에서 가장
중요한 신 가운데 하나로서 풍요와 사랑, 전쟁의 상징이자
모신인 이슈타르 여신의 보호 하에 놓이게 되면서 그 의미
가 더욱 확대된다. 실제로 아쑤르의 이슈타르 신전에서 발
견한 '신성한 결혼'의 상징물은 비석의 반쯤 되는 높이에
누워 있는 아름다운 여인의 부푼 질 속에 선 채로 발기한
성기를 삽입하고 있는 남자의 모습을 묘사하고 있다. "우
룩의 신전에 살고 있는 이슈타르는 사랑과 욕망의 여신이
요 쾌락의 군주다. 남성이 여성과, 수컷이 암컷과 합일할
수 있는 것은 모두 여신 덕분이다. 신성한 매춘은 여신을
기리고 숭배하는 한 양식이다. 여신은 노예들과 성스러운
창녀들, 고급 창녀들, 거리의 여인들을 거느리고 지상에
내려온다. 때로 여신 역시도 자신이 신들과 인간들에게 불
러일으키는 욕망에 자신을 내맡긴다."

사랑의 여신 이슈타르는 『질가메슈의 서사시』가 멋지게

반향하는 고대의 풍요로운 문화를 비교할 수 없는 에로틱한 후광으로 비춘다. 신성한 결혼이나 노예 제도 혹은 신전 안에서 의식에 따라 엄숙하게 거행되는 성적 결합과 같은 신화 속에서의 결혼과 매춘 등의 문제를 연구하고 분석한 신화학자 피에르 고든(Pierre Gordon)은 헤라클레스나 삼손과 같은 영웅들이 신화 속에서 '신성한 처녀성 박탈자', 즉 종교적인 목적을 띤 성행위를 담당하는 장사 혹은 대리인으로서의 지위를 띠고 있었음을 밝혀낸 바 있는데, 이러한 지위는 신화에서 성적인 역할을 담당하는 신녀들이나 신을 상대하는 창녀들의 역할에 대한 남성적 등가물이라고 할 수 있겠다. 현대의 많은 그림들과 비유들이 이러한 영웅주의의 에로틱한 차원 혹은 에로티즘의 영웅적 비전을 다루고 있지만 그 중에서도 특히 귀스타브 모로(Gustave Moreau)의 「테스피우스의 처녀들(Les Filles de Thespius)」이 단연 압권이라고 할 수 있다. 이 그림은 50여 명의 처녀들이 무리를 지어 곧 시작될 기념비적인 처녀성 박탈의 순간을 설레는 마음으로 기다리고 있는 곳에서 팔힘이 세기로 유명한, 여기서는 성적인 능력이 센 것으로 되어 있는 헤라클레스가 자신의 유명한 '업적들' 중 가장 어려운 일 중의 하나였을 작업을 시작하기 직전에 마치 무언가를 경계하는 남근처럼 생각에 잠겨 서 있는 모습을 보여주고 있다.

■ 선사 시대의 비너스

에로티즘의 더 오래된 흔적을 찾기 위해 역사를 거슬러
올라가다보면, 비록 미미하지만 강한 인상을 남기기에 충
분한 선사 시대의 연구 성과물과 맞닥뜨리게 된다. 고생물
학자들이나 선사 시대 역사학자들이라면 아주 중요하게
생각할 연대 추정 문제나 진화 문제는 별도로 하고, 아마
도 오리냐크 문화, 마들렌느 문화 혹은 솔뤼트레 문화 시
대에 해당될 기원전 1만 년에서 3만 년 정도 되는 시기5)에
출토된 다양한 물건들과 형상물들 ― 둥근 혹이 달린 조각
상이나 부조, 조각, 암석화 등 ― 에서 명백한 에로티즘의
징후들이 발견되는데, 이는 지금껏 주술이나 종교, 샤머니
즘 혹은 미학의 차원에서 다양하게 분석되어 왔다. 어떤
부조는 서로 뒤엉킨 상태로 성행위를 하는 남녀의 모습을
나타낸다. 소형 입상들은 남근 모양을 띠고 있으며, 조각
과 그림들은 발기된 성기를 가진 동물과 사람들의 모습을
보여준다. 그 중 가장 유명하면서도 수수께끼를 품고 있는
것이 아마도 죽음과의 관계를 표현한 듯한 라스코 동굴의
새의 얼굴을 한 남자의 모습이다. 또한 출토된 지역의 이

─────────────

5) 유럽의 후기 구석기 문화, 즉 BC 30000~BC 9500년의 문화를 세 시기로 나
누어 오리냐크(Aurignac) 문화, 솔뤼트레(Solutré) 문화, 마들렌느(Madeleine)
문화라고 부른다.

름을 따서 레스퓌그의 비너스, 빌렌도르프의 비너스, 사비
냐노의 비너스, 튀르삭의 비너스, 브라상푸이의 비너스, 코
스티엔키의 비너스 등으로 불리는 '선사 시대의 비너스'로
명명된 소형 입상들 역시 꾸준히 우리의 궁금증을 유발시
킨다. 대개 마름모꼴로 가느다란 머리는 위쪽을 향하고,
날씬하게 접합된 종아리는 아래쪽을 향하고 있는 이 소형
입상들의 몸체의 구성을 보면, 거의 비만이라고 할 정도로
가슴과 배, 엉덩이와 허벅지의 볼륨이 과장되어 있는 것을
알 수 있다. 이처럼 과장된 형태와 더불어 지역적으로 널
리 퍼져 있다는 사실은 이들 '비너스들'에게서 풍요와 다
산을 기원하기 위한 신성의 모습 — 모신의 원형 — 을 보
게 한다. 그러나 이러한 주술적이며 경제적인 기능을 벗어
나서 이 입상들을 많은 경우 그것과 쌍으로 나타나는 남성
또는 동물들의 남근 형상물이나 에로틱한 영감이 묻어나
는 암석화들과 연결시키게 되면, 대개의 경우 10~15센티
미터 정도인 소형 입상으로 여성 육체의 풍만함을 과시하
고 있는 이 비너스들은 무엇보다 성애의 예찬 — 일종의
에로티즘의 문장(紋章)이요 앙금 — 으로서 그 가치를 인
정받을 수 있게 될 것이다. 그렇게 보면, 선사 시대의 현실
을 구성하는 가장 본질적인 것이 전쟁이나 주술적이고 종
교적인 투사와 같은 실용적 행위가 아니라 오히려 당대의

집단들 내부에서 노동과 주술과 신성과 예술의 바탕이자
풍요를 불러오는 리비도의 영속적인 흐름을 유지시켜주는
에로티즘이었으리라는 추측이 가능하게 된다.

■ 에로틱한 스모그

현대의 인간 역시 자신의 선조들과 마찬가지로 이미지
와 몸짓, 의례의 형태로 신화의 대용품들을 투사하면서 도
시든 시골이든 간에 자신의 공간을 에로틱하게 만들고자
하는 동등한 욕망을 느낀다. 리비도의 역동성은 '문어발처
럼 사방으로 뻗어나가는 도시들'에 활기를 불어넣고, '도시
의 빛'에 매혹적인 광채를 덧씌울 뿐 아니라(채플린과 미래
주의자들), 도시 공간을 거대한 자궁으로 변모시킨다(프리
츠 랑, 「메트로폴리스」). 이 세상 어디를 막론하고 사람들은
필요나 효용과는 상관없이 도시와 시골에서 매일 같은 시
간에 마음에 드는 길을 골라 마치 수색하듯 걷다가, 선사
시대의 사람들이 암석 아래 쉼터에서 쉬었던 것처럼 광장
이나 포럼, 아고라 등에서 아니면 먼 옛날의 오이디푸스가
아버지 라이오스 왕을 살해한 교차로와 같은 역할을 하는
오늘날의 '불르바르', '파세지아타', '파세오' 혹은 '산책길'
에서 잠시 멈추기를 반복하면서 누군가와 '같이 걷기'를

추구하고 있다. 해가 떨어지고 땅거미가 질 무렵, 밤이 주는 은근한 두려움과 무기력증이 엄습하면서 형태와 사물들이 흐려지기 시작하면, 대낮에 분출되지 못했던 욕망에서 비롯된 파렴치한 행동들이 먹이를 향해 돌진하기 시작한다. 사람들의 눈길은 때론 늑대처럼 굶주린 듯, 때론 암사슴처럼 부드럽게 눈을 반짝이면서 말없이 사라지는 유혹 놀이에 몰입한다. 대개 상상력을 발휘하는 도시의 연극성에 속한 이러한 의식화된 움직임들은 모든 인구 밀집 지역과 공동체들 사이에서 스며들거나 배어 나오는 에로틱한 흐름과 소문들을 구체화시킨다. 비슷비슷한 게시물과 광고판들의 거칠고 음험한 선동성은 길가는 행인들을 연속적으로 강타하며, 그 중 가장 노골적인 것들은 배우와 모델, 스타 혹은 다른 종류의 바비 인형 같은 여인들 가운데 피할 수 없는 가장 유명한 핀업걸, 즉 불룩한 가슴에 맨다리를 드러낸 뇌쇄적인 자세로 음료, 자동차, 가전 제품, 문학 작품, 생리대를 비롯해 어떤 상품이든 간에 '리비도화'시키기 위해 선정적인 포즈를 취하고 있는 우리 시대의 비너스와 함께 몸의 성적인 의미, 혹은 성적 의미가 강조된 몸을 지속적으로 노출시키고 있다. 고대 도시의 성문에 세워져 있던 남근 모양의 경계석과 마찬가지로 거리에 나붙은 게시판들은 번호와 포즈의 도움으로 '일회용 사랑'을 나눌 상대와의 관능적인 만남을 제안한다. 벽과 건물 혹은 광고판에 게시되지 않은 것은 신문 가판대를 도배한다. 그곳에서는 경쟁적으로 선정적인 표지를 앞세운 잡지와 신문들을 통해 헛된 에로스의 부름이 다급한 목소리로 사람들을 부른다. 발가벗었거나 옷을 반쯤 걸친 모습과 여러 몸짓과 표정, 그리고 입맞춤들이 도시를 감싸고 있는 비늘 덮인 피부가 되려고 다투는 사이, 행인들은 모두 관음증 환자로, 잠재적인 고객으로, 아연해진 소비자로 바뀐다. 도시의 바탕을 이루는 소음들, 환상들이 뒤섞인 용광로, 에로틱한 안개 혹은 스모그는 공격적이고 매혹적이며 낡아빠지고 유아적인 리비도의 모든 흔적들 — 쓰레기 혹은 반향마저도 — 을 받아들인다. 모든 것을 녹여버리는 어렴풋한 뒤섞임과 대중에 의해 휩쓸려간다는 느낌, 촉각을 자극하는 마찰이나 후각에 호소하는 긴 연기, 관음증과 노출증까지도 …. 하지만 실리에 대한 염려 혹은 금기와 두려움이 언제나 에로틱한 감정이나 발현에 대해 승리를 거둔다는 점에서 에로틱한 감정의 발현은 대개의 경우 적대적 반응이나 알 수 없는 긴장의 분위기를 만들어내는 욕구 불만 외에 다른 탈출구를 갖지 못하며, 이러한 욕구 불만은 종종 다소간 폭력적인 행위로 이행되는 경우가 있다. 모욕적인 말이나 몸짓, 광고물이나 화장실, 공공 건물을 가득 메운 낙서 혹은 포르노라는 부를 수 있는 온갖 종류의 표현 형태들이 그것이다. 이러한 현상은 에로틱한 꿈들과 함께 행동에까지 이르지 못한 의사를 바탕으로 욕구와 원한, 혼돈, 충동성이 고통스럽게 혼합되어 있는 한 사라지지 않고 지속될 것이다.

2
영 상

　이미지와 에로티즘 사이에는 신비스럽고 강력한 관계가 존재한다. 실제로 에로스에 대한 접근을 막기 위해 이미지를 금지하고, 절단하거나 몰래 거래하거나 ─ 반달리즘, 작품 파괴, 왜곡, 조그만 포도 잎으로 나체 그림이나 조각의 음부를 살짝 가리기, 옷을 덧입히기 혹은 위장의 방법을 통해 ─ 에로스 혹은 사랑을 넘어선 정치적, 종교적, 제도적 집단의 이데올로기를 확산시키기 위해 이미지를 활용하려 하지 않았던 문화는 이 세상 어디에도 없다. 인간의 은유적인 언어 체계는 ─ 그것이 불을 붙이고 불꽃을 태우고 타오르는 것과 관계되든(불의 창조), 파고 스며들고 씨를 뿌리는 것과 관계되든(농사), 아니면 형태, 존재, 토템,

페티슈, 개체 등을 숭배하는 것(마술, 종교)이나 조직하고 재현하고 지배하고 알기 위해 정력과 힘을 행사하는 것(권력과 지식)과 관계되든 간에 — 에로스가 인간의 모든 생활에 얼마나 깊숙이 침투해 있는지를 보여준다. 그러나 음악을 제외했을 때 인간 사이의 소통과 매혹, 거부와 유혹에서 가장 풍부한 잠재력을 소유한 것은 바로 이미지다. 이미지는 에로티즘의 모든 분야에서 최고자로 군림한다. 이미지의 지배는 너무나 보편적이고 항구적이어서 유구한 인류 역사에서 모든 문명이 에로티즘과 맺어온 적대적이거나 친화적인 관계를 표현하고 드러내고 숨기는 데 사용된 화려하거나 소박한, 창의적이거나 모방에 불과한 일련의 이미지들을 모두 훑어보기란 아마도 불가능할 것이다. 문자 텍스트의 상대적인 금욕주의에 따라, 여기서는 인류의 역사를 통해 폭포수처럼 쏟아진 이미지의 홍수 중에서 맨 처음 흐르는 가느다란 물줄기만 보여주고자 한다. 검정색 바탕에 발기한 상태로 늘어선 일련의 남자들을 묘사하고 있는 기원전 4~5세기경 그리스에서 출토된 반구형 술잔 : 남자 중 한 명은 누운 자세로 옆 사람에게 오랄 섹스를 해주고, 그 자신은 제삼자와 항문 성교를 하고 있다. 유명한 빌라 데이 미스테리(Villa dei Misteri)에서 보이는 1세기 폼페이의 회화들 : 강렬한 붉은 색 바탕 위에는 '남근의 계시'와 함께 풍요와 성욕을 상징하는 '프리아포스 신' 과 그의 거대한 페니스가 그려져 있는데, 이는 매 맞는 여 인과 완벽한 조화를 이루고 있다. 역시 폼페이의 베티 (Vettii)의 집의 벽화 : 엉덩이가 아주 큰 여인이 드러누운 남자 위에 올라타 있다. 기원전 5세기경의 마케도니아의 화폐 : 마이나데스[6]와 현금처럼 사용 가능한 성적 자산을 소유한, 발기한 남근을 지닌 남성들이 격돌하는 장면이 묘 사되어 있다. 1239~1264년에 건축된 것으로 추정되는 오 리사(Orissa) 코나라크(Conarak)의 태양에 봉헌된 탑의 조 각물 : 부드럽게 서로를 껴안은 채 미소를 지으며 선 채로 사랑을 나누는 남녀의 모습이 새겨져 있다. 여전히 오리사 에서 출토된 19세기의 유물들 : 팔로 서로를 지탱한 채 마 주보고 앉은 자세로 여성의 몸 속에 삽입하는 남성의 모습 을 새긴 상아 조각과 무릎을 꿇은 채 자신의 어깨 위에 두 다리를 올려놓은 여인을 들어올린 채 삽입하는 성애와 요 가를 결합한 듯한 장면을 묘사한 종이 위의 구아슈[7] 작품.

---

6) 흔히 '정열적인 여자들'로 지칭되며 '바쿠스의 사제들'이라 불리는 여인들로 디오니소스 신(바쿠스 신)을 기념하여, 통음과 가무로 어우러지는 축제 때 행 렬을 이루었던 무리들을 일컫는다. 이들은 술에 취한 상태에서 노래를 부르고, 춤을 추거나 악기를 연주하면서 디오니소스 신을 숭배하는 의식을 치렀다.
7) 고무를 수채화 그림 물감에 섞어 그림으로써 투명한 수채 물감과는 다른 불 투명한 효과를 내는 기법으로, 고대 이집트인들도 사용한 아주 오랜 역사를 가 진 기법이다.

10~11세기경 중앙 인도의 카쥬라호(Kajuraho) 신전의 부조 : 서 있는 여인이 남자를 포옹하고, 남자는 다리 한쪽을 들어 엉덩이를 받치면서 여인을 꽉 조이고 있는 모습이 새겨져 있다. 64요기니스 사원의 카마다의 질 숭배(마디야 파데시 : 10~11세기) : 여신의 발치에 무릎을 꿇고 앉은 남녀가 거대한 여성 성기를 예찬하고 있다. 그와 대칭으로 짝을 이루는 남근 숭배(얀 : 1855) : 발가벗은 젊은 여인이 거대한 남근 앞에 무릎을 꿇고 있다. 이와 더불어 남근 형태를 띤 건물, 예를 들어 델로스의 디오니소스 신의 제단 역시 남근 숭배의 산물이다. 질을 의인화시킨 그리스 신화 보보(Baubo) : 필시 프톨레미 왕조 시대에 이집트에서 만들어진 것으로 추정되는 소형 조각상은 다리를 쫙 벌린 채 손을 성기 위에 갖다대고 있는 여인의 모습을 묘사하고 있다. 도기화가 니코스테네스(Nikosthenes)의 아티카 반구형 술잔 : 한 여인이 인공 음경을 가지고 놀면서 하나는 입에 물고 다른 하나는 질 속으로 밀어넣고 있다. 우타마로(Utamaro) 의 채색 판화(1753~1806) : 등을 기대고 누운 여인이 무릎을 꿇고 앉은 남자의 발기된 남근을 받아들이고 있다. 코리우사이(Korieusai)의 춘화(shunga) : 마치 곡예를 방불케 하는 포즈로 남성의 거대한 성기를 붙잡고 있는 여인의 모습. 페이루(Peyrou) 노틀담 성당의 고딕식 기둥 머리 : 곡

예와 같은 체위로 사랑을 나누는 커플의 모습으로, 남자가 몸을 완전히 뒤로 젖힌 채 서 있는 여자에게 삽입하고 있다. 스페인 세르바토스(Cervatos) 성당의 후진(後陣) : 남녀가 바닥에 등을 댄 상태에서 행해진 성교를 통해 결합하고 있다. 이외에도 예는 수없이 많다. 이 분야에 대해 호기심을 지닌 독자라면 누구라도 적당한 자료들을 참조함으로써 다양한 시대의 다양한 문화와 분위기에서 생산된 것들 중에 자기 맘에 드는 것을 골라 으뜸패로만 구성된 자기만의 에로틱한 카드 조합을 만들어낼 수 있을 것이다. 더 나아가 오늘날의 문화는 세계적인 규모로 진행되는 미디어화를 통해 돈을 밝히게 된 원기 왕성한 우리 시대의 에로스를 통해 이러한 게임에 무한한 원천을 제공하고 있다.

■ '프리아포스 신을 숭배하는 위대한 화가' 피카소

몇몇의 독창적이면서도 강렬한 회화 작품을 좀더 깊은 눈길로 바라본다면 에로티즘을 가장 생생한 빛 속에서 바라보는 것이 가능해진다. 좀더 효율적인 탐구를 위해, 부인할 수 없는 표현의 힘을 다음과 같이 두 축으로 나누어 살펴볼 것이다. 즉, 한쪽 끝에 몸과 성애에 가장 가까이 있는 화가 피카소(Pablo Picasso : 1881~1973)가 있다면, 다른 쪽 끝에는 상징과 신비주의에 가장 가까운 제롬 보슈 (Jérôme Bosch)가 있다. 그 둘 사이에 또 다른 저명한 화가들 ― 앵그르, 보나르, 클림트, 쉴레, 모로, 벨메르, 뒤샹 같은 ― 이 피할 수 없는 에로틱한 구조의 영향 하에 기법과 스타일에서 타인과 비교할 수 없는 독창성을 지닌 작품들과 함께 자리를 잡고 있다.

'에로틱한 피카소'. 이는 2001년 2∼5월 사이에 파리에서 개최된 피카소 전시회의 제목이다. 어쩌면 진부하게 느껴지는 이 제목은 피카소라는 화가의 방대하고 다양한 작품세계를 에로티즘의 주제로 집중시키면서 예술에 내재하는 에로틱한 구조를 재인식하고자 하는 강렬한 의도가 느껴지는 대담한 성명이라는 느낌을 받게 한다. 피카소의 에로틱한 작품들 ― 데생, 회화, 판화, 조각을 비롯해 모두 335점에 이르는 ― 을 담고 있는 전시회 도록은 그 서문에서 "작품 속에 드러나는 피카소는 말할 것도 없이 전적으로 에로틱하다"고 인정하면서, "모든 예술가는 과거에도 현재에도 미래에도 에로틱할 것"이라는 사실을 일종의 기정사실로 제시하고 있다. 피카소는 예술과 성애에 대해 "둘은 같은 것"이라고 단언하면서 성에 의미를 부여했을 뿐아니라, 자신의 습관에 비추어 "만일 키스하고 싶다면 키스할 것"을 조언한 바 있다. '세기의 가장 위대한 화가' 아니 이 경우엔 '프리아포스 신을 숭배하는 위대한 화가'인 피카소는 다양한 테크닉을 다루는 데 전설적인 정도로 뛰어났던 그의 재능을 거친 리얼리즘으로 표현하면서 육체와 성기, 자세와 체위, 현실과 쾌락, 상징과 환상, 폭력과 유머가 조합된 장면들을 수없이 많이 만들어냈다. 바르셀로나의 창녀촌을 자주 드나들었던 피카소는 연필과 펜, 목탄 등으로 벌거벗거나 옷을 입고 있는 창녀들과 손님들뿐 아니라 자기 자신의 초상화를 즐겨 그렸다(「벌거벗은 자화상(Autoportrait avec nu)」, 「발치에 앉아 있는 피카소와 함께 있는 누운 나체(Nu couché avec Picasso assis à ses pieds)」, 1902~1903). 그는 그곳에서 친구들과 지인들을 맞이하기도 했는데, 「여인과 함께 있는 이지드르 노넬(Isidre Nonell avec une femme)」이란 작품에선 오랄 섹스를 하고 있는 웅크리고 앉은 여인을, 「여인과 함께 있는 앙젤 페르난데즈 드 소토(Angel Fernandez de Soto avec une femme)」에선 남자의 손놀림에 음핵을 내맡기고 있는 여인의 모습을 그리고 있으며, 「화가 후안 오소(Peintre Juan Osso)」에는 반바지를 내리고 곧추 선 성기를 흔들며 닭고기가 담긴 접시를 내놓는 화가의 모습이 그려져 있다. 피카소의 작품에서 알몸 혹은 스타킹만 신은 채 누워 있거나 웅크리고 있는 여인들은 성기가 도드라져 보일 수 있도록 다리를 벌리고 이따금씩 그것을 애무하기도 한다. 제우스신의 얼굴을 한 페니스를 의인화한 잉크와 색연필로 그린 소작품 「남근(Le Phallus)」(1903)의 경우, 웅크리고 앉은 나체의 여인은 남근 제우스의 고환 부위에 위치하고 있다. 같은 시기에 그려진 「질의 환경(Environnement vaginal)」을 이 그림과 연관시켜볼 수 있는데, 여기에선 검은 색 질 구멍이 보이도록 다리를 벌린 나체의 여인이 질의 대음순 사이에서 기쁜 표정으로 휴식을 취하고 있다.

　페니스, 질, 엉덩이, 음모로 가득한 이들 작품 속의 모습들은 거의 초보적인 수준의 기관의 에로티즘을 표방한다. 피카소는 1971년에 이르러 「소녀들과 함께 있는 드가」라는 동판 에칭화 연작을 통해 이 같은 젊은 날의 성향으로 회귀한다. 여기에서 피카소는 나부(裸婦)들을 "몸을 씻는 짐승의 상태에서" 그리고자 했다는, 튀튀를 입은 무용수들의 화가 드가가 마치 꿈을 꾸듯, 아니 관음증적인 시선으로 성기를 드러낸 거리의 여인들을 관찰하고 있는 모습을 그리고 있다. 모파상의 동명 소설을 그림으로 옮긴 에칭화 시리즈의 제목인 「텔리에의 집(La Maison Tellier)」과 같은 매음굴을 빈번하게 드나들면서 점점 더 풍요로워지고, 남근 왕의 방문을 기다리는 질 공주와 항문 공주(「무대 위의 왕과 남근 커플(Sur la scène, roi et couple-phallus)」을 본

떠 만들어진 1966년 아콰틴트 판화 시리즈)라는 이미지로
축약되는 피카소 작품 속의 거대한 에로티즘의 흐름을 아
마도 '매음굴의 에로티즘'이라는 말로 규정할 수 있을 것
이다. 최고의 통치자인 생식 기관 — 장소와 태도, 또 그것
을 보는 시선에 따라 인간성의 바다 혹은 저지대일 수 있
는 — 은 교미를 위해 만들어진 것이다. 또한 미술사가 지
속적으로 기여해온 모든 종류의 나체들 옆에서 기관의 에
로티즘은 행위의 에로티즘 — 입맞춤, 사랑을 나누는 커플,
포옹, 강간, 에로틱한 장면 등 — 을 통해 배가되고 보완된
다. 몇몇 데생과 회화, 판화, 도자기 작품들의 제목이기도
한 이러한 행위의 에로티즘 요소들은 피카소가 1933년에
그린 작품 제목처럼 「짝짓기(Accouplement)」(1933)의 자
세를 표현하는 데 도움을 준다. 가끔씩 오비디우스의 『변
신 이야기(*Métamorphoses*)』에서 영감을 받은 「제우스와
세멜레의 사랑(Amours de Jupiter et de Sémélé)」(1930)에서
처럼 어떤 부드러움이 표현되는 경우가 있기는 해도, 대개
의 경우 피카소에게 짝짓기는 폭력과 강간을 포함하는 간
음 — 인간을 극단으로 몰고 가며 그에 걸맞는 표현법이 요
구되는 분노와 광기의 표출, 즉 그리스어 위브리스(ubris)가
지칭하는 비정상성 — 에 불과하다(「화가의 기상천외함(La
Démesure du peintre)」(1968)). 바리오 치노(Barrio Chino)의

수송아지 같은 피카소는 미노타우로스라는 신화적 존재를 자신과 동화하고, 아니 그 존재 속에서 자신을 동화시키면서, 벌거벗은 채 잠든 여인의 곁을 어슬렁거리거나(「미노타우로스(Le Minotaure)」(1933)), 잠든 여인을 만지고(「콧방울로 잠든 여인의 손을 애무하는 미노타우로스(Minautaure caressant du mufle la main d'une dormeuse)」(1933)), 때론 여인을 덮치고(「도라와 미노타우로스(Dora et le Minotaure)」(1936)), 강제로 여인의 몸 속에 들어가는(「여인을 강간하는 미노타우로스(Minotaure violant une femme)」(1933)) 미노타우로스의 모습을 형상화했다. 인간의 몸에 수소의 머리와 콧방울을 달고 있는 반인반수 미노타우로스는 완전한 괴물성이요, 폭력성을 내재한 욕망의 거칠고 강렬한 표현에 다름 아니다. 죽음과의 관계를 강조한 몇몇 투우의 장면들을 뒷받침하는 이 신화는 크레타의 왕비 파지파에와 황소 사이에서 태어난 아들 미노타우로스를 죽음의 힘 — 그러니까 해마다 그리스의 선남선녀 일곱 명씩을 제물로 바쳐야 했던 지옥의 힘 — 으로 규정한다.

오직 다이달로스만이 출구를 알고 있는 미궁의 미로들 속에서 모든 방향으로 향하고 있는 죽음의 힘 미노타우로스는 또한 성애에서 드러나는 잔인한 폭력성을 넘어 그 자체의 본질에 대한 질문으로 이끈다. 대체 그처럼 격렬한 격정 — 부드러움과 사랑, 목 조름과 잔인함이 섞인 — 으로 행해지는 이 욕망, 이 행위는 대체 무엇인가? 그 욕망과 행위의 출구, 목적, 의미는 무엇인가? 이 본질적인 질문에 맞서 피카소는 뿔을 앞세우고 달려드는 황소처럼 맹렬하게 돌진해보지만, 그 신비의 문을 활짝 열어 젖히는 데는 성공하지 못한 듯하다. 그래도 그는 최소한 우리에게 여성의 신비와 연관된 성의 신비가 어떤 식으로 괴물 미노타우로스의 머리 속으로 들어갔는지 보여주고 있다. 피카소는 후일 1968년에 제작된 스물네 개의 에칭화 시리즈에서 다시 한 번 이 문제에 대해 천착하게 되는데, 여기서 그는 세심하게 짜맞춘 구성을 통해 시리즈의 제목이기도 한 「라파엘로와 라 포르나리나(Raphaël et la Fornarina)」라는 두 인물의 에로틱한 장면을 연출하고 있다. 수수께끼로 둘러싸인 르네상스 시대의 화가는 격정적으로 자신의 모델을 탐닉할 때조차도 팔레트와 붓을 손에서 놓지 않는다. 사실 이 붓이야말로 딱 알맞게 ‘남근적’이며, 상인인 피카소에게 현금뿐 아니라 비틀거리며 달려드는 여인들로 최고의 보상을 받을 수 있도록 해주는 도구가 아닌가? 성교 중이거나 노출되어 있는 거대한 남성과 여성의 성기들은 상세하게 그려진 고환과 치모 등과 함께 확실한 조명을 받고 있다. 이들은 때때로 아주 흥미로운 메아리를 갖는다.

예를 들면 늘어선 팔레트 구멍 속에서 마치 페니스처럼 돌연히 솟아오른 화가의 손가락 같은 것 말이다. 도처에 존재하지만 분산되어 있는 하나의 시선이 다시 태어나는 이 르네상스를 지배한다. 에로틱한 피카소는 그림을 그리는 만큼 사랑을 나누는 에로틱한 라파엘로를 무대에 내세운다. 게다가 여인의 누드화를 받치고 있는 작업대는 마치 치골을 덮은 삼각형의 검은 숲처럼 화면의 중앙에 배치되어 있다. 이 장면은 증인들, 아니 관음증 환자들 — 그 중 가장 저명하고 열성적인 자는 바로 교황인 — 의 시선에 노출되어 있다. 이는 분명 역사적인 이유로 설명될 수 있는 부분이다. 라파엘로는 르네상스 시대의 다른 화가들처럼 교황청의 비호 아래 작품 활동을 하지 않았는가. 하지만 여기에는 어쩌면 더욱 특별한 이유가 있었을 것이다. 흔히 성부(聖父)로 불리는 교황을 이탈리아인들은 '파파(papa)'라 부른다. 아버지의 이미지, 즉 여기서는 관음증과 결부된 아버지의 이미지는 최초 혹은 원초적 장면과 연결될 수 있을 것이다. 그것은 프로이트의 얘기처럼 아이가 상상하거나 환상을 품게 되는 모습 그대로의 부모의 성교 장면, 그리하여 후일 분석적 외상치료법이 열정적으로 다루게 될 그 모습 그대로의 부모의 성교 장면과 관련된다. 그런데 피카소는 이 시원(始原)적인 장면을 뒤집고 전복시킨다. 즉, 성교의 장면을 목격하고 거기에 반응하는 것은 더 이상 아이가 아니라 '아버지', '파파'인 것이다. 하지만 피카소의 유머가 작동했는지, 그림은 아버지의 권력을 난폭하게 다룬다. 교황은 어린이처럼 엉덩이를 까고 요강에 앉아 있다. 이 그림을 그리는 당시 피카소의 귓가에 "교황 비오의 파이프는 악취가 나네"라고 노래했던 시인 친구 프레베르(Jacques Prévert)의 대사가 울려퍼졌던 것일까? 아니면 더 단순한 이유로 어느새 80대에 들어선 화가 피카소가 사람들이 흔히 나이든 할아버지를 지칭하는 '파피(papy)'라는 호칭으로 불리는 자신을 보는 것이 괴로웠기 때문일까?

이처럼 강박적으로 성기와 성행위에 치중된 양분과 분열의 양상은(「게르니카(Guerinica)」와 더불어 피카소의 가장 유명한 작품으로 현대 회화의 시작을 알린 「아비뇽의 처녀들(Demoiselles d'Avignon)」(1907)은 창녀들을 형상화한 것이며, 「철학적인 매음굴(Le Bordel philosophique)」이란 제목이 붙어 있었다) 에로티즘이 명상과 몽상에서 뿐 아니라 행동과 행위들에서도 시선과 관음증적이고 노출증적인 충동의 발현, 그리고 분할의 메커니즘을 무엇보다 선호한다는 사실을 보여준다. 피카소의 경우처럼 에로틱한 장면 속에 자신을 포함시키는 주체는 그곳에 갇히거나 달라붙은 채로 머물지 않으며, 어떠한 자유의 공간을 확보하려는 집착과 초연의 역동성 덕분에 끊임없이 움직이며, 형상에서 형상으로 미끄러진다. 끈적끈적하게 달라붙는 피카소인가? 이는 아마도 거의 90세가 다 된 피카소를 '추잡한 늙은이'로 규정했던 여류작가 게르투르드 스타인(Gertrud Stein)의 판단에 어울리는 얘기일 것이다. 이것은 분명 반에로스적인 취향에서 비롯된 판단이다. 피카소는 연극 무대를 위해 1941년에 『남근에 의해 붙잡힌 욕망(Le Désir attrapé par la queue)』이라는 희곡을 쓴 적이 있다. 그리고 이 '남근'은 물론 그의 에로틱 시대를 장식하는 수백 개의 이미지 속에서 반복적으로 나타난다. 하지만 지치지 않고 탐색하는 화가의 눈은 부인할 수 없는 자신의 고유한 작품들을 넘어서서, 남성 성기인 음경이 — 오늘날엔 우아하게 남근이라고 불릴 — 어떻게 '프리아모스 신을 숭배하는 위대한 화가'의 욕망하는 기계를 팽창시키는 놀라운 욕망의 힘에 의해 붙잡히는지를 보여주는 데까지 이르렀다.

■ 제롬 보슈, 「천년의 왕국」

제롬 보슈의 그림은 제가끔 의미를 담고 있는 나체들과 거칠게 표현된 리비도, 섬뜩한 몽타주들 그리고 신화적인 배경을 통해 관객들을 피카소의 세계와는 전혀 다른 에로틱한 세계로 끌고 간다. 그의 천부적인 자질은 에로티즘이 지닌 힘의 양극단을 모두 포착한다는 점에서, 우리의 논의를 위해서는 단 한 작품을 살펴보는 것만으로도 충분하다. 보슈의 작품 가운데 가장 유명한 삼연식 제단화「천 년의 왕국(Le Royaume milénaire)」혹은 「환희의 뜰(Le Jardin des Délices)」(1503~1504?)에 대해 뛰어난 비평서를 남긴 빌헬름 프뢩거(Wilhelm Fraenger)는 이것을 "예술과 종교의 역사에서 유일한 작품"으로 평가한 바 있다. 하지만 우리가 보기에 이 작품은 가장 혐오스러운 짐승성(우익도「지옥(L'Enfer)」)부터 신성의 가장 자애로운 표현(좌익도「천국(Le Paradis)」)에 이르기까지 인간 조건이 지니는 다양한 측면과 잠재적인 얼굴의 총체성을 모두 포함하는 에로티즘의 완전한 체계라는 면에서 볼 때 더더욱 유일무이한 작품이 아닐 수 없다. 한편, 우익도나 좌익도와는 달리 이승의 현실에 할애된 거대한 규모의 중앙도에는 거의 모두가 기상천외하고 비정상적인 몸짓과 움직임을 연출하고 있는 나체의 인간들과 더불어 세심한 규칙에 따라 선택되고 분류된 동식물과 광물들, 그리고 엄격한 규제에 따른 전체적 구성 하에 배치되어 있는 기하학적이고 그로테스크한 신기한 형상들이 함께 자리를 잡고 있다. 수백 개에 근접하는 기호들과 선, 색채들은 의심할 바 없이 각자가 모두 풍요로운 의미를 담고 있다. 이를 상상하기 위해서는 플라토닉한 사랑과 아가페 이론만큼이나 프로이트와 그의 제자들이 완성한 정신분석학 이론을 담고 있으며, 푸리에 (Charles Fourrier)가 작성한 복잡한 사랑의 수식만큼이나 사드의 끔찍한 이야기가 깃들어 있고, 평온한 종교적 교리 문답만큼이나 초현실주의자들의 격정이 있고, 『성경』의 아가서만큼이나 프룅거가 열정적으로 인용했던 자콥 뵘 (Jacob Boehme)의 신비 사상이나 노발리스(Novalis)가 쓴 시의 단편들이 녹아 있는 보슈의 「천년의 왕국」을 직접 보아야만 할 것이다. 노발리스의 말을 빌리자면, "기독교는 진정한 쾌락의 종교다. 신성과 신의 사랑에서 죄악이야말로 가장 큰 매력이다. 사랑처럼 죄악의 목적도 신성과의 무조건적인 결합에 있기 때문이다. 실질적으로 믿음을 지닌 자에겐 그 어느 것도 죄악이 될 수 없다." 이러한 디테일에 관해 프룅거는 이렇게 명시한다. "우주적인 거대한 변신의 이미지에 다름아닌 생명의 저수지 주변에 솟아 있는 거대한 암석 형태로 말하자면, 이는 곧 노발리스가 얘기한 것처럼 이 세계를 창조하는 생식 기관이자, 자연의 성적인 부분을 형상화하고 있는 것이 아닌가?" 한편, 뵘과 관련해서 프룅거는 긴 대화를 인용하고 있는데, 이 대화에서는 '루시퍼적인 소년'과 '지혜로운 처녀'가 태초에 남녀

양성애자였던 아담의 내면에서 서로 충돌하면서 존재하고
사랑하기 위해 애쓰고 있는 모습이 드러난다.

보슈의 작품 속에 나타난 아주 미미한 기호에 대해서도
자신의 해석학의 틀을 적용해마지 않았던 프룅거는 배변
에서부터 숭고한 것에 이르기까지 어떠한 범주에 속해 있
든지 간에 에로틱한 가치들의 프레그넌시를 강조했다. 프
룅거에 따르면, "중앙도는 진정 아담과 이브의 후손들의
무리를 재현하고 있는데, 이 사람들의 무리는 제단화의 좌
익도에 묘사되어 있는 것처럼 창조주가 첫 번째 인간 커플
에 대해 내려준 축복의 결과라고 할 수 있다. 조금도 주저
하는 기색 없이 청춘의 싱그러운 몸을 드러내고 있는 나체
의 피조물들은 신비스러운 식물성 에로티즘의 의식을 숭
배한다. 육지뿐만 아니라 물과 공기 역시 연인들의 커플과
에로틱한 공동체들로 가득 메워져 있다. 이는 이 쾌락의
정원에 우주적 틀과 더불어 보편적 영향력을 지니는 종교
적 의미를 부여하는 것이다." 좌익도에 그려진 에덴의 정
원에는 이브와 손을, 아담과는 발을 살짝 맞대고 인류 최
초의 커플을 맺어주고 있는 예수의 모습이 보인다. 그 뒤
로 펼쳐진 후경에서는 우아한 자태의 동물들 가운데로 생
명의 분수가 솟아 있는데, 이는 프룅거의 지적처럼 좀더
아래쪽에 위치한 생명의 저수지와 함께 남근과 질의 관계

와 유사한 본질적인 관계를 맺고 있다. 특히 프룅거는 "마른 나뭇가지를 끼워놓은 두 개의 커다란 맷돌"의 존재를 지적하면서, 맷돌은 예로부터 "민중들의 시에서는 죽음뿐 아니라 사랑의 상징이었음"을 환기시킨다. 즉, "해마다 두 개의 돌 사이에 낀 낟알이 으스러지면서 가루가 된다는 점에서 죽음의 상징이요, 두 개의 돌이 남녀의 역할을 하고 제분 행위 자체가 성적인 과정으로 간주된다는 점에서 사랑의 상징"인 것이다. 프룅거는 보슈의 그림에 나타난 호리병 형태에 대해서는 이렇게 얘기하고 있다. "보슈는 호리병을 여성 생식 기관의 상징으로 이용했다. 그는 이 기관들을 '외재화'시키고 있는데, 이는 여성이란 존재가 피와 내장의 박동에 의해 남성에게 이끌린다는 점을 지적하기 위함이다. 이처럼 아주 디테일한 것까지 '유기적으로' 처리하면서, 보슈는 호리병 형태의 표면을 가느다란 혈관들의 망으로 덮었고, 결과적으로 자궁의 외형을 띠게끔 만들었다."

한편, 에덴동산과 대칭축을 이루는 지옥에는 더럽고, 고문당하고, 짐승처럼 되어버린 일련의 인간들이 득실거리며, 항문성이 모든 것을 지배한다. 그리하여 "설사에서 기인한 끔찍한 오한에 몸을 떨며, (악마는) 보슈가 놀라운 창의성을 바탕으로 반삼위일체적인 권좌, 즉 의자형 변기로 대체한 지옥의 권좌에서 추위로 몸을 웅크린 채 앉아 있다. 이 권좌는 델포이의 무녀 피티아의 의자처럼 삼각 다리로 되어 있다. 차이점은 단지 델포이의 우물이 여기서는 혐오스러운 방광을 빠져나온 사탄의 배설물이 뚝뚝 떨어지는 어두컴컴한 배설강이 되었다는 사실뿐이다." 프뢩거에 따르면, 보슈의 삼연식 제단화 전체는 '단 하나의 유일한 것'을 다루고 있는데, 그것은 바로 '숭고하고 지고지순한 사랑'이다. 모든 상징들은 단 하나의 목적, 즉 사랑의 기술(ars amandi)을 확립하려는 목적을 위해 사용되었다. 이 사랑의 기술은 그것이 예술적이든 상상적이든 환상적이든 몽환적이든 유토피아적이든 간에 어떤 복잡한 구성일 뿐만 아니라 규칙과 행위, 비전이 총체적으로 보아 하나의 에로티즘의 세계를 구현하는 자유 성령(Libre-Esprit)을 신봉하는 공동체들의 비교(秘敎)적인 종교의 독트린 — 이것이야말로 프뢩거의 분석이 본질적으로 기여한 부분인데 — 의 조형적 투사요 버전이다. 프뢩거는 보헤미아 지방의 피카르들(Picard)이나 스페인의 알룸브라도스(alumbrados) 같은 다양한 분파를 가진 이교 집단들의 '영적인 사람들(homines intelligentiae)'을 상대로 한 교회의 소송 행위를 분석하면서 종교 운동과 예술적 표현을 이어주는 연결점을 밝혀내려 한다. 그에 따르면, "영적인 사람들은 13세기부터 전유럽(라인 강 계곡, 바젤, 네덜란드, 스트라스부르, 마인츠, 쾰른 등)에 걸쳐 퍼져나갔던 광대한 이단 종교 운동에 속한다."
"이들은 자유 성령의 형제자매들이라 불린다. 이러한 이름
을 자신들에게 붙인 이유는 바로 자신들이 성령을 구현할
수 있으며, 성령의 힘으로 영적인 완벽함의 상태에 도달할
수 있기 때문에 비록 일상에서 육체와 욕망 속에 빠져 살
지언정 죄를 짓는 것은 불가능하다는 확신이 있었기 때문
이다. 이들은 지상에서의 삶을 이미 천국과 같은 무구의
상태로 믿고 있었다." 이들 '형제들'과 '자매들'은 성의 차
이에 구애받지 않고 서로를 동등하게 '아담의 아들'로 간
주했다. 그리하여 프룅거가 강조하듯, "여성은 자유 성령
을 추구하는 모임에서 남성과 동등한 상대로 인정받았고,
그 결과 예로부터 기독교 교회가 여성들을 가두어왔던 열
등한 조건에서 마침내 해방되었을 뿐 아니라, 테르툴리아
누스가 '사탄의 문'이라고 지칭할 정도로 여성을 모략의
대상으로 전락시켰던 경멸적 시선에서 벗어날 수 있었다."
프룅거는 또한 "두 성 간의 사랑이 여기서는 그노시스적
인 '신비'가 된다. 남성은 여성으로 인해 구원받게 된다.
즉, 육체적으로 뿐 아니라 정신적으로도 여성을 알게 되면
서 남성의 존재는 여성적 자질을 흡수하게 되고, 부분이
전체가 되면서, 타락에서 벗어나 마침내 천국의 영원한 빛
으로 되돌아오게 되는 것이다"라고 덧붙이고 있다.

■ 앵그르와 「터키탕」

보슈의 「쾌락의 정원」에 나타난 에로틱한 이미지들의
경이로운 흐름과 그 이미지들이 관객에게 주는 본능적이
고 신비적인 울림에 대적할 만한 작품은 미술사를 통틀어
얼마 되지 않을 것이다. 하지만 에로티즘은 끊임없이 물길
과 도랑을 파고, 요동치는 욕망은 그 사이로 흘러 다닌다.
피카소류의 지칠 줄 모르는 이미지의 반복만큼이나 보슈의
지고한 '아클리비타스(acclivitas : 신적인 것으로의 상승)'에
서 멀리 떨어져 있는 몇몇 위대한 현대 화가들의 작품들은
에로티즘의 비전이 저마다 고유한 독창성을 지니고 있음
을 상기시켜준다. 예를 들어 앵그르(Jean A. D. Ingres :
1780~1867)의 경우, 약간은 차갑고 경직된 일종의 아카데
미적인 순응주의와 닮아 있다는 비판에도 불구하고, 여성
누드의 선에서 드러나는 독창적이고 미학적이고 관능적인
수법에서 분명 아카데미 화풍과는 구분된다. 지나치게 길
게 그려졌거나 부풀려진 목과 거대한 등이 이루는 곡선,
그리고 나체의 모델이 자신의 몸을 잠시 떠나서 그가 구현
하고 있는, 아니 육화하고 있는 에로틱한 메시지 너머에
서 있는 것처럼 보이게 하는 — 색채 역시 데생의 단호함
에 기여한다 — 얼굴의 묘한 표정들을 생각해보라. 신화에

서 영감을 얻은 대작 「제우스와 테튀스(Jupiter et Thétys)」
(1811)에서 앵그르는 풍만한 바다의 요정 네레이드를 사
나운 올림포스의 지배자 제우스의 발치에 위치시킨다. 제
우스의 수염을 어루만지고 있는 요정은 아주 긴 팔을 제우
스의 거대한 몸통에 걸친 채, 마찬가지로 다른 쪽 긴 팔은
제우스의 두 무릎 사이에 살짝 얹어놓고 있는데, 이렇게
함으로써 올림포스 지배자의 성기 부분과 만나는 각이 형
성된다. 아름다운 엉덩이가 그리는 부드러운 곡선은 목과 팔
쪽으로 연장되면서 욕망 — 지배자인 제우스의 얼굴을 향하
며, 신의 흔들리지 않는 무심한 표정을 조롱하는 욕망 — 의
곡선이 된다. 한편, 또 다른 작품 「앙젤리크(Angélique)」에
서, 바위에 결박당한 채 머리를 뒤로 젖히고, 넋이 나간 시
선으로 은색 날개가 달린 히포그리프를 타고 자신을 구출
하러온 영웅 로제가 용의 아가리에 번쩍이는 창을 꽂아넣
고 있는 모습을 응시하고 있는 앙젤리크는 갑상선종을 앓
고 있는 환자와 같은 모습이다. 일종의 회한 때문이었을
까? 앵그르는 초기 습작 때 연필로 여주인공의 성기 부위에
그려넣었던 매혹적인 검은색 삼각형을 지워버렸다(「앙젤리
크를 구출하는 로제」(1819)). 「노예와 함께 있는 오달리스크
(Odalisque à l'esclave)」(1842)의 경우, 누워 있는 여인의 성
기와 다리를 살짝 덮은, 누에고치 같은 얇은 베일은 모든

것을 포기한 듯한 표정을 긍정이라도 하듯 머리 뒤로 비틀리게 꺾인 두 팔이 부각시키는 볼록한 엉덩이의 면과 둥그스름한 배의 표면, 그리고 가슴의 곡선을 두드러지게 한다. 그런데 후경의 어둠 속에서 두 손을 배 아래에 가지런히 모은 채 서 있는 남자는 어쩌면 누워 있는 여인의 에로틱한 몽상을 암시하는 것이 아닐까? 아니면 적어도 관객에게 관음증적 시선으로 그림을 바라보고 있는 자신을 돌아보게 하려는 의도는 아닐까? 한편, 다른 앵그르의 그림에서처럼 둥그스름한 양팔로 머리칼을 감싼 채 우아하게 엉덩이를 살짝 기울이고 있는 「물에서 태어난 비너스(Vénus Anadyomène)」(1808~1848)의 성기에는 음모가 제거되어 있다. 활시위를 당기거나 거울을 들고 그녀의 발치에서 날아다니는 서너 명의 어린 큐피드들은 비너스가 구현하는 사랑의 임무를 확인시킨다. 그런데 이 작품의 습작에서는 젊은 비너스가 수줍음만큼이나 애무의 몸짓을 환기시키는 자세로 한 손을 가슴에, 다른 한 손을 성기 위에 올려놓고 있다.

앵그르의 작품에 등장했던 이러한 나부들과 비너스들은 마침내 경이로운 에로티즘의 정수라고 할 수 있는 작품 「터키탕(Le Bain turc)」(1863)으로 우리를 이끈다. 완벽한 둥근 틀 안에 갇혀 있는 스무 명 남짓의 젊은 여인들은 포동포동 살이 오른 알몸을 드러낸 채 관능적인 자세와 몸짓으로 뒤섞여 있다. 배와 가슴과 엉덩이와 허벅지와 팔과 얼굴을 서로 맞대고 엉클어져 있는 여인들의 모습에서는 육체에서 육체로 구불구불 사행하는 곡선들과 그림 전체를 지배하는 살색의 효과를 통해 살덩이만 부각될 뿐 각자의 개성은 사라져버린다. 부드럽고 감미롭고 촉촉한 터키탕의 거품 속에서 살덩이는 그림틀의 엄격한 요구로 인해 압축되고 눌린 채 표현되면서도, 결국에는 다른 살덩이와의 뒤섞임 속에서 정점에 달하기 위해 다른 살덩이를 부르고 마침내 승리한다. 이 그림에서처럼 에로틱한 몽상이 살덩이들의 영광을 인정하고 드러내고 숭배하는 경우는 아주 드문 일일 것이다. 반대로 「황금시대(L'Age d'or)」(미완성 습작, 1862)와 같은 작품에서는 「터키탕」에서 보았던 우글대는 살덩이의 밀도가 낮아진다. 그리하여 50명에 이르는 인물들이 몇 명씩 짝을 이루어 수평으로 길게 배치되어 있고, 아기 천사와 큐피드가 날아다니는 목가적인 풍경 속에서 천상의 밝은 톤 아래에서 대개는 아이를 안고 있는 커플들로 형상화되어 있다. 이에 대해 앵그르는 "평온함이야말로 육체가 지니는 첫 번째 아름다움"이라고 설명한다. 이제 앵그르의 관능적인 처녀들은 화가의 성적인 환영이 자신들을 은근히 달뜨게 했던 「터키탕」의 뜨거운 공간을 떠나 살덩이와 쾌락이 리듬에 맞춰 적당히 절제하며 서로 동화되고 있는 충만함과 균형의 상태('거기에선 모든 것이 질서요 아름다움이요 화려함이요 평온함이요 쾌락'이라던 보들레르의 얘기처럼), 다시 말해 에로스의 기적에 다름아닌 평온의 상태에 도달하게 된 것이다.

■ 피에르 보나르, 색깔이 있는 욕실들

피에르 보나르(Pierre Bonnard : 1867~1947)는 자신의 창작 행위에 대해 "삶을 그리는 것이 아니라 그림을 생생하게 만드는 것"이라고 밝힌 바 있다. 이런 의미에서 볼 때, 열정적으로 예술에 헌신했던 화가 보나르의 노력은 자신만의 방법과 미덕을 통해 그림에서 삶이 될 수 있는 것 — 좀더 구체적으로 살아 있는 것 — 을 얻어내려는 일이었다고 할 수 있다. 이 세상이 창조되는 행위의 시초와 중심에 우뚝 서 있는 보슈의 우주적인 '생명의 분수'는 보나르에 이르러 더욱 소박하게, 그러면서도 현대성을 잃지 않은 채 화장실, 즉 오늘날의 세상에서 필수불가결하고 중요한 위생 시설 안으로 옮겨오게 된다. 화가로서 살아 있는 것을 바라보는 그의 시선은 무엇보다 누드화를 통해 표현되었고, 모든 각도 — 물론 생체적인 각도 — 에서 포착된 누드화의 모델은 바로 자신의 부인 마르트였다. 「거울 앞에 선 누드(Nu au miroir)」,「목욕 장갑을 낀 누드(Nu au gant de crin)」,「욕조 안의 누드(Nu à la baignoire)」,「목욕통 속의 누드(Nu au tub)」 같은 그림 제목들은 아파트의 수도꼭지로 조절되는 이른바 '생명의 분수'에서 보나르의 누드들이 욕조, 목욕 가운, 거울, 세면대, 세숫대야, 목욕통 ─ 화가가 선, 볼륨, 반짝거림, 일렁이는 모양 등 미학적, 형식적 특성을 탐구했을 위생적인 공익에 도움이 되는 도구들 ─ 등 적당한 물건들의 도움을 받아 씻고, 물을 뿌리고, 목욕하는 행위를 계속했음을 보여준다. 보나르는 또한 자신의 누드를 목욕 행위의 내면성, 즉 몸을 따라 미끄러지며 성감대를 스쳐가고, 피부와 촉각을 찬미하는 애무의 몸짓과 연결시킴으로써 더욱 관능적인 쾌락의 대상으로 만든다. 촉각의 에로티즘, 즉 접촉에 대한 집착이야말로 살고, 보게 하는 피부로서의 자아의 에로티즘이다. 목욕하는 육체 ─ 물에 젖은 채 샤워하거나 욕조 속에 행복한 모습으로 누워 있는 모습으로 ─ 는 건전하고 유려한 나르시시즘으로 표명되는 자족의 감정과 함께 세상과의 삼투를 동시에 인정한다. '삼투' 혹은 'dans le bain'[8])이란 말은 가장 완전한 의미로 삼투와 색깔이 있는 욕실이다. 색채는 누드를 자신의 반짝임을 보장해주는 내면의 공간으로 빠뜨리며, 이 내면

---

8) '욕조 속에 있는', '모든 것이 잘 굴러가는'이라는 의미.

의 공간은 누드에게 간지러움과 애무를 돌려준다. 부드러운 거품이 이는 에로틱한 행복의 순간, 모든 것은 물에 잠기고 잘 굴러가게 된다.

이를 위해 보나르는 자신의 작품에서 육체의 볼륨을 억압하고 단순화시키거나 변형시키기를 두려워하지 않았다. 한 예로 「욕조 속에 있는 누드(Le Nu dans le baignoire)」(1937)의 경우, 단순한 점들의 조합에 불과한 여인의 얼굴을 알아보기란 매우 힘든 일이다. 그뿐만 아니라 둥근 윤곽을 보존하고 있는 왼쪽 다리 위에 겹쳐진 오른쪽 다리는 욕조의 양끝자락과 평행선을 이루는 기다란 막대에 지나지 않는다. 푸른색 체크 무늬 바닥과 여러 가지 색깔 ─ 푸른색, 노란색, 오렌지색, 보라색 ─ 이 교대로 나타나는 타일 처리된 커다란 벽면은 물의 부드러운 투명성과 대조를 이루면서 이곳이 아주 드문 행복을 발산하는 신기한 욕실이라는 인상을 준다. 그런데 보나르의 회화적 에로스에는 뭔지 모를 희생적 면이 엿보인다. 창문이나 테이블 혹은 거울을 이루는 직선들과, 목욕통, 냄비, 욕조 등을 구성하는 곡선들이 만나면서 생겨나는 관계를 통해 보나르는 다양한 도구들 ─ 타일, 냅킨, 그릇, 심지어는 육체 자체까지 ─ 을 관객 쪽으로 향하게 만들려고 애쓴다. 마치 관객에게 선물함으로써 관객의 시선을 생생하면서도 가벼운 만

족감으로 가득 채우고, 그 자신이 여러 기회에 그 의도를
표명해왔듯이, 관객에게 기쁨의 감정을 불러일으키기 위
한 것처럼 말이다. 반면, 1899년에 발표된 「게으른 여인
(L'Indolente)」 혹은 「무위안일(Farniente)」이라 불리는 작
품은 보나르의 빛을 발하는 에로티즘의 세계에 존재하는
어두운 측면을 난폭한 방식으로 부각시키고 있다. 관객의
시선 아래 넓게 펼쳐진 침대의 한쪽 끝에 아주 어린 소녀
가 누워 있다. 땅바닥에 닿아 있는 소녀의 오른쪽 다리에
서 출발해 직선 형태의 몸을 지나 얼굴로 이어지는 몸의
선은 반쯤은 어둡고 반쯤은 밝은 비스듬한 띠 모양이 된
다. 침대 위에 접혀 있는 매우 가늘고 섬세한 왼쪽 다리는
화면 구성상 거의 중앙에 위치한 사춘기에 도달하지 못한
어린 소녀의 음모가 없는 성기 — 폭이 좁고 긴 구멍 같은
음부 — 를 선명하게 드러낸다. 음부의 밝게 빛나는 장밋빛
둔덕은 검은 머리털의 무거움과 대조를 이룬다. 자신을 아
무렇게나 내맡긴 채 꿈을 꾸는 듯한 소녀의 자세는 거의
도발적이라 할 수 있는 방식으로 욕망을 표현하고 있다.
하지만 그 욕망이 생생하기는 해도, 그러한 욕망은 검은색
에 가까운 두텁고 끈적끈적한 갈색으로 칠해져 뭔지 모를
염려스러운 기운이 배어나오는 그림의 아래쪽 배경으로
인해 마치 암흑에 둘러싸인 것처럼 느껴지게 된다. 이처럼

강한 대조를 이루는 구성은 보나르 회화가 지니는 전체적인 의미에 대해 의문을 갖게 한다. 보나르가 구사한 색채는 분명 '사치, 평온, 쾌락'(이는 색채의 마술사 마티스의 가장 유명한 그림 중 하나의 제목이기도 하다)을 노래하고, 절제되고 평화로운 에로스를 찬미한다. 그렇지만 어둠은 세상에서 가장 매혹적인 이미지들 속에까지 집요하게 파고들어 자리를 잡는다. 회화가 제아무리 '살아 있는 것'이길 열망해도 삶 속에 자리한 죽음의 그림자는 사라지지 않는다. 어쩌면 너무나 열정적으로 생에 매달렸기 때문에 죽음의 그림자는 더더욱 피할 수 없었던 것일지도 모른다. 보나르가 자신의 회화, 특히 풍경화의 구성에서 사용한 배경 배치 기법은 에로티즘 속에서 태동하고 있는 이 놀라운 긴장 관계를 강조하고 있다. 즉, 그림의 전경은 대개 실내의 아늑함을 표현하고 있으며, 이는 뭐라 규정할 수 없는 존재의 행복감, 멈춰진 시간, 내면의 기도, 한마디로 내면화된 에로스의 이미지다. 반면, 외부로 열려 있는 문과 창문, 그리하여 수목이 울창하게 우거진 풍경이나 화려한 정원처럼 매혹적인 접대의 세계로 이어지는 공간은 외면화된 에로스의 이미지다. 이 두 공간은 같은 색채의 연장에 의해 연속되어 있지만 동시에 문과 창문, 발코니를 구성하는 준엄한 수직선 혹은 사선으로 분리된 채 서로 대조를 이루

고 있다. 에로스란 이렇게 늘 가차없는 내적인 한계에 부
딪히게 되어 있는 것일까? 자신의 생애 말년에 이르러 보
나르는 이에 대한 대답을 어렴풋하게나마 스케치하기 시
작한다. 화가는 이제 그림의 주제들 — 옷을 입었거나 안
입은 여인, 오브제, 실내 등 — 을 버리고 색채에 전적으로
자유로운 장을 열어줌으로써, 이 세계를 반짝이는 풍경들
이 가볍게 흔들리는 충만함 속으로 옮겨놓는다. 이렇게 함
으로써 보나르의 그림은 삶 자체의 표현이 되는 동시에,
'정자적 로고스(logos spermatikos)'에 의해 조절되는 세상
은 그리스어로 '푸르 포이에티콘(pur poietikon)', 즉 다양한
파편으로 분출되는 에로스의 우주적 발산이라고 할 수 있
는 '창조적 불꽃' 혹은 '예술가의 불꽃'의 결과물이라는 스
토이시즘 사상의 감각적이면서도 지워질 수 없는 표현으
로 읽힐 수 있는 '살아 있는 그림'이 된다. 앙투안 테라스
(Antoine Terrasse)가 증언하는 바처럼, 보나르라는 창조
적인 화가가 생애의 말년에 그토록 '욕망하고' 필요로 했
던 바로 그 노란색 터치 — 노란색 에로스? — 속에서 우리
가 포착할 수 있는 것은 아마도 이러한 '시적인 불꽃'의 작
지만 기적 같은 파편이 아닐까? 비록 우리가 아주 미세한
노란색 터치에서 우주적인 에로스를 관조하는 법을 배운
적은 없지만 말이다. "간신히 붓을 붙잡은 채, 보나르는 샤

를 테라스(Charles Terrasse)에게 자신의 마지막 작품인 「
꽃이 핀 편도나무」에서 마음에 들지 않는 색깔을 바꿀 수
있도록 도와달라고 부탁했다. '이 초록색은 도무지 안 어
울려. 노란색이 필요해'라고 말하면서. 피에르 보나르가 숨
을 거둔 것은 그로부터 며칠이 지난 1947년 1월 23일의 일
이었다."

■ 귀스타브 모로, 음탕한 숫염소

혼히 상징주의 화가로 규정되는 귀스타브 모로(1826~
1898)는 생전에 자신의 예술 활동에 영감을 준 이데올로기
를 명확하게 밝히고 있는데, 이를 한마디로 정의한다면 아
마도 우화적이고 교화적인 본질을 지닌 정신적 에로티즘
정도가 될 것이다. 모로는 귀가 멀어 들을 수 없는 노모를
위해 자신의 작품에 대한 보충 설명을 작성한 바 있고, 이
는 모두 파리의 귀스타브 모로 미술관 카탈로그에 수록되
어 있다. 이 설명들을 바탕으로 살펴보건대 모로에게 세상
의 이치는 단순한 것이었다. 즉, 세상의 질서 속에는 서로
다른 두 개의 영역 혹은 서로 대립되는 두 개의 방향이 존
재하며, 그것은 바로 천상과 지상이다. 천상이 선과 이상,
순수, 빛, 천상주의, 한마디로 신적인 것이 머무는 공간이

라면, 지상은 반대로 악덕이 들끓고 시체들이 쌓여가는 곳, 즉 고통, 죄, 피, 어둠, 죽음, 섹스가 지배하는 곳이다. 이 두 영역은 「제우스와 세멜레(Jupiter et Sémélé)」, 「환상(Les Chimères)」, 「구혼자들(Les Prétendants)」, 「테스피우스의 처녀들」 같은 작품들의 거대한 구성 속에서 세심하게 묘사되어 있다. 「제우스와 세멜레」에 대한 모로의 설명은 다음과 같다. "이것은 천상의 영역을 향한 상승이요, 순화되고 정화된 존재들이 한 걸음씩 신성을 향해 나아가는 것, 그러니까 지상의 죽음을 통해 찬란한 영생을 얻는 것을 뜻한다. 위대한 신비가 마침내 완성된다." 또한 이는 신의 변용(變容)의 신비다. "여인의 수없는 간청에 못 이긴 신은 여전히 베일에 싸인 장엄함 속에서 자신을 드러낸다. 신이 발산하는 신성을 받아들이고, 신의 축성에 의해 재탄생한 세멜레는 벼락을 맞아 죽는다. 그와 더불어 현세의 에로스의 화신, 숫염소의 발을 지닌 화신도 죽는다 …. 이러한 신성한 주술과 마귀를 쫓는 의식을 통해 모든 것은 변모하고 정화되고 완벽해진다 …. 여전히 부정형의 미완성으로 남아 있는 세상의 모든 존재는 지상의 구렁텅이에서 벗어나 진정한 빛에 이르기를 열망한다." 1984년 작 「환상」은 반대로 우리를 "어둠의 신비 속으로 몰아넣는다. 그림 속의 모든 것이 기독교의 7대 죄악의 영향을 느끼게 하며, 모든 것이 악마적인 울타리, 그러니까 악덕과 죄가 되는 열정의 범위 안에 위치하고 있다. 이것은 지금 방금 사람을 홀리는 설교를 하는 뱀을 만나고 돌아온 저주받은 여인들의 행렬이다. 그녀들은 영혼을 빼앗긴 채 길가에서 욕정이 동한 호색적인 숫염소를 기다리는 존재들이다." 색욕은 여인들과 짐승들이 서로를 안고 탐하며, 보편화된 성교에 자신을 내맡기는 육감적인 뒤얽힘 속에서 자신을 드러낸다. 아니 어쩌면 이들은 정숙한 모로가 용인할 수 있는 유일한 짝짓기의 방식이었을 시선과 촉각을 통한 성교에 열중하고 있는지도 모른다. 또한 「구혼자들」(1852)에서 모로는 육중하고 위압적인 건물이 벽처럼 버티고 서 있는 장소 안에 수십 명의 인물들을 몰아넣고 있다. 화면 중앙 빛나는 별 위에 정의의 여신 미네르바가 서 있다. 그녀의 발 아래로 겁에 질린 채 이미 죽었거나 거의 죽어가는 구혼자들이 장사진을 이루고 있다. 이들은 모두 율리시즈의 아내 페넬로페와의 성적인 결합을 원했던 죄인들이다. 육욕의 죄는 징벌을 부른다. 한편, 이들과 유사한 육욕의 꿈에 사로잡혔던 50명의 테스피우스의 처녀들은 영웅 헤라클레스가 그들에게 제공할 성애로의 입문을 기운 없이 기다리고 있다. 모로의 표현에 따르면, "괴물들을 처치한 영웅이 도착해서 자리를 잡게 될 곳은 가축 떼의 한 가운데

다." 여기서도 역시 에로스에 대한 비하가 엿보인다. 처녀들은 짐승과 집단의 의미를 지닌 '가축 떼'로 지칭된 반면, 두려움을 모르는 파과자(破瓜子)인 헤라클레스는 여전히 영웅의 지위를 공고히 지키고 있다.

모로는 신화의 낡은 옷을 걸친 전통적인 도덕주의를 넘어서서 예술적 가치의 지평을 열어준다. 이는 보나르의 경우와 마찬가지로 에로티즘의 또 다른 색깔을 드러낸다. 모로는 "나의 예술에 대한 열정적인 숭배와 악착같은 작업 속에서 뭐라 표현할 수 없는 기쁨을 찾았다"고 말한다. 표현의 예술에 속한 표현할 수 없는 것. 그것이 구름이 됐든 식물이 됐든 물이 됐든 돌이 됐든 산 혹은 하늘이 됐든, 마치 빛에 목이 마른 것처럼 풍부하게 공들여 작업된 색깔은 길고 생생한 자국으로 늘어지거나, 반짝이는 파편들의 모자이크를 구성하는 수많은 유동적인 입자들로 분할된다. 궤변으로 들릴 정도로 강박적으로 되풀이되는 화가의 명백한 선언의 반대편에서, 신화적인 환상과 종교적인 출전으로부터 벗어나 말하고 노래하며 시적인 이국의 풍경을 드러내는 것은 바로 그림 자체다. 「켄타우로스가 들고 가는 죽은 시인(poète mort porté par un Centaure)」에서 화가가 '괴물성'의 변용을 위해 켄타로우스를 사람 속에 고정시킴으로써 희생적인 죽음을 비롯해 숭고한 에로스로 향하는 길을 보여주고 있는 것처럼.

■ 구스타브 클림트 : 뼈와 금

의심의 여지가 없으면서도 충격적이고, 눈부시게 화려하면서도 어두우며, 금욕적인 듯하면서도 겉멋을 부리는 구스타브 클림트(Gustav Klimt : 1862~1918)의 에로티즘은 무엇보다도 그것을 지탱하고 특화시키는 놀라운 장식적 체제로 볼 때 가장 대담한 형태 중의 하나다. 이는 아주 압축된 에로티즘으로, 건축가 아돌프 루스(Adolphe Loos)는 클림트의 작품과 그의 작품이 지니는 '장식의 재앙'을 비난하면서도 역설적으로 그의 작품을 극단적인 범성애주의의 방향으로 밀고 나가게 된다. 그는 『장식과 범죄(Ornementation et crime)』(1908)라는 작품에서 "모든 예술은 에로틱하다. 인류의 역사상 최초의 장식물인 십자가는 애초부터 에로틱한 것이었다. 인류 최초의 예술 작품, 다시 말해 최초의 예술가가 동굴의 벽에 서툰 그림을 그리며 마음껏 자신의 기쁨을 발산했던 최초의 몸짓 역시 에로틱했다. 하나의 수평선은 누워 있는 여성이며, 하나의 수직선은 여성의 몸 속으로 들어가는 남성이다. 하지만 우리 시대에도 여전히 어떤 내적인 강박 때문에 벽을 에로틱한 상징들로 더럽히려는 자가 있다면, 그는 분명 범죄자이 거나 타락한 자다"라고 말했다.

'타락한 예술' 혹은 '퇴폐적인 예술'이라는 비판은 유구한 인류의 역사에서 늘 반복되는 일이다. 이러한 비판이 행여 작품을 파괴하거나 작가를 억압하고 박해하는 것으로 이어지지 않는다면, 이는 슬프게도 진부한 관습에서 비롯되었거나 아니면 욕망의 근절을 꾀하는 아파니시스적인 순응주의에서 나온 것이라 할 수 있을 것이다. 이러한 비판이 더욱 가공할 만한 것이 되는 이유는 아마도 비판의 논리가 예술이 지닌 창조하고 발명하고 질문하는 힘을 숨기고 거부한다는 점 때문이다. 호화로운 여성의 초상화에 대한 호평을 통해 잘 알려진 화가 클림트는 당대의 교육부장관에게서 비엔나대학의 커다란 홀의 천장 장식화를 그려달라는 부탁을 받는다. 이에 그는 이 천장화를 「의학(La Médecine)」, 「철학(La Philosophie)」, 「판결(La Jurisprudence)」이라는 세 개의 거대한 풍경의 앙상블로 구상했다. 그런데 1900년 5월에 일반에게 공개된 「철학」은 대중의 격렬한 반응을 불러일으켰으며, 87명의 교수들이 서명한 탄원서를 보면 이 작품이 도저히 '참아줄 수 없는' 것으로 규정되어 있다. 오늘날에 와서도 제아무리 안목 있고 포용력이 있는 예술애호가들이라도 그것이 일종의 스노비즘이 아니라면, 이 작품처럼 어둡고 고통스럽고 잔인하고 심기를 불편하게 하는 「철학」의 재현을 쉽사리 받아들일 수 있을지는 확실치 않다. 고통스런 자세에서 포착된 얼굴 없는 인간들의 육체들은 서로 얽힌 채 어디로 가거나 오지 않는 나선형의 육체 기둥을 형성하고 있다. 아마도 정의할 수 없는 인간의 삶의 움직임을 의미하는 것일까. 위쪽으로 어둠 속에 잠긴 듯한 남자의 등에 몸을 밀착시키고 있는 여인의 아름다운 누드가 눈에 띈다. 아래쪽에는 고통스런 몸짓으로 머리를 감싸쥔 남자가 있다. 바로 옆에 아주 검게 칠해진 바탕 위로 강렬한 눈빛을 한 얼굴이 삽입되어 있다. 이는 걱정스런 탐색을 의미한다. 서로 어울리지 않는 육체들의 다발과는 다르게, 그림의 오른쪽을 차지하는 「의학」은 전체적으로 어둡지만 좀더 균질적인 분위기에서 아마도 죽음을 형상화한 것으로 상상해볼 수 있는 얼굴을 분명치 않은 형태로 보여주고 있다. 한편, 「판결」은 삶과 죽음이 연결되어 있는 인간 조건의 어두움을 강조하는 다소 무거운 알레고리에 맞서, 각각 분리되어 장식적 원 속에 갇혀 있는 네 명의 인물, 즉 세 여자와 한 남자를 그리고 있다. 그런데 툭툭 불거져 나온 뼈대와 너무 말라서 살점이라곤 찾아볼 수 없는 이 인물들은 일종의 기괴함마저 풍긴다. 마치 뼈만 남은 뱀의 형상이다. 세 개의 벽을 합쳐

24미터에 이르는 바탕을 일곱 면으로 분할하여 작업한 1902년 작 「곱슬머리 베토벤(Frise Beethoven)」에서도 같은 특징을 지닌 인간의 육체들이 등장한다. 여기서는 각진 육체에 수수께끼처럼 신비한 느낌을 주는 얼굴이 검은색 바탕 위에 놓임으로써 더욱 날카롭게 보인다.

뼈를 통해 발견할 수 있는 광물의 내적인 단단함에 황금이 지니는 광물의 외적인 단단함이 합쳐진다. 클림트는 육체에서 살점을 떼어내 뼈를 드러내지 않을 경우에는 반대로 육체를 금과 은으로 뒤덮어 장식하고, 여러 가지 문양들로 가득 메운다. 꽃, 기하학적 문양, 타피스리, 모자이크, 상감 세공, 아라베스크 무늬, 바둑판 모양 사각 무늬, 화환, 분봉 등 그 종류와 형태는 실로 다양하다. 대리석처럼 차가워보이는 나체들은 이 울창한 — 아니 음란한 — 다발들에 의해 채워지고 걸쳐진 장식의 물결에 저도 모르게 휩쓸려가고 있는 것이 아닐까? 하지만 나체를 감싼 이 장식물들은 대체 어떤 방식으로 육체와 관계를 맺고 있는 것일까? 마치 하나의 밧줄이 목매단 자를 지탱하고 있는 것처럼, 그러니까 광물적인 죽음의 덫에 걸린 육체처럼 말인가? 아니면 육체를 집어 삼켜버릴 것이라고 위협하는 만큼 더더욱 호의적으로 육체와 살의 본질을 찬미하고 이상화시키는 바로 그 방식으로 말인가? 전통적인 에로티즘이 몇몇 예외를 제외하고는 거의 대부분 살진 여인의 알몸을 선호하고, 때로는 비대하다고 느껴질 정도로 풍만한 육체의 볼륨을 그려냄으로써 접촉과 애무의 욕망을 일으키는 것처럼 일종의 '살점 불리기' 방식으로 작업해왔다면, 클림트는 반대로 '살점 떼어내기' 방식을 활용한다. 그는 육체에서 살점을 들어냄으로써 뼈를 노출시키는 방식으로 인간의 육체에 아로새겨진 돌이킬 수 없는 죽음의 존재를 보여준다. 우리가 '해골주의'로 명명할 수 있을 뼈와 죽음의 에로티즘은 육체의 거의 대부분을 뒤덮고 삼켜버리는 과다한 장식적 치장과 대비되는 것처럼 여겨진다. 클림트 예술에서 나타나는 '장식의 재앙'은 진정한 에로스의 무게는 얼마인지, 그 중용은 어떤 것인지를 천칭의 분동을 통해 말해주는 에로스의 천칭 저울에 달린 사치스런 한쪽 판일 뿐이다. 천칭 접시의 분동이 자꾸만 올려져 많아지게 되면 과다한 장식이 되고, 그 반대로 분동을 줄이고 또 줄이게 되면 살점 부분이 떨어져나가게 되는 것이다. 이 두 경우 모두, 그것이 금이든 뼈든 화가가 염두에 두는 것은 오직 에로스의 단단한 핵, 그러니까 삶과 죽음의 근본적인 관계라는 피할 수 없는 진실이다. 때로 살점 떼어내기를 통해 만천하에 드러나든 아니면 과다한 장식을 통해 숨겨지든 간에 중요한 것은 그것이다. 물론 가끔씩 풍만한 육체를 지닌 「다나에(Danae)」에서처럼 장식적 문양들과 살의 존재가 적절한 균형을 이루며 에로티즘의 제유법에 영광과 은총을 돌리게 되는 경우도 있다. 이 그림에서는 그림 전체를 지지하는 축이라고 할 수 있는 거대한 허벅지가 하나 세워져 있는데, 쾌락에 젖은 듯 행복한 표정의 여인이 이 허벅지에 기대어 평화롭게 잠들어 있다. 타는 듯 붉게 빛나는 여인의 머리칼은 아름다운 가슴 위로 물결치듯 넘실거리고, 여인의 가랑이 사이로 신들의 제왕인 제우스의 금빛 정자들이 폭포수처럼 어루만지듯 흘러간다.

■ 에곤 실레, 등록된 죽음

클림트와 매우 가까웠던 에곤 쉴레(Egon Schiele : 1890∼1918)는 그를 모델로 삼아 몇몇 작품들을 모방하기도 했다. 한 예로 클림트의 「물뱀 II(Serpents d'eaux II)」에 등장했던 유려하고 관능적인 누드들은 쉴레의 작품 「물의 정령 I(Esprits aquatiques I)」에서 눈에 띌 정도로 흡사한 방식으로 구부러져 가고 있다. 하지만 쉴레는 개인적인 주제에 대한 맹렬한 문제삼기, 즉 고통스러운 문제화 과정을 통해 곧 자기 색깔을 드러내기 시작한다. 그가 천착한 주제는 일련의 「자화상(Autoportraits)」 시리즈와 여성과 남성 누드들에서 드러나는 자아의 문제와, 특히 1912년에 집중적으로 그려진 다양한 사물들, 예를 들어 「예술은 현대적일 수 없다. 그것은 영원하다(L'art ne peut être moderne, il est éternel)」나 「두 장의 손수건(Deux de mes mouchoirs)」에 등장하는 의자들이나 「시들어버린 해바라기(Tournesol fané)」속의 나뭇가지 등에서 잘 드러난다. 대개 각이 지고 잡아늘인 것처럼 길쭉한 형태를 띠고 있는 자화상이나 남녀의 누드들은 정면을 응시하거나 도발적인 자세로 장식 없이 차가운 느낌을 주는 균질적인 배경 속에서 도드라져 보인다. 이들의 동작은 대개 성기에 집중되어 있거나 심지어는 자위 행위를 하고 있다. 1911년 작품인 「에로스(Eros)」와 「자위 행위(Masturbation)」에 등장하는 남자는 무거운 웃옷을 입은 채 양손으로 자신의 성기를 감싸쥐고 있다. 1914년 작 「엷은 보랏빛 셔츠를 입은 자화상(Autoportrait à la chemise mauve)」의 주인공은 바지를 내리고 있고, 1910년 작 「누드 자화상(Autoportrait nu)」에서는 후려치듯 거친 붓 터치를 이용하여 마치 고문을 당해 산 채로 껍질이 벗겨진 듯한 육체를 가진 남자가 얼굴을 찌푸리고 있다. 그림 속의 여인들은 남성보다 더 성기에 열중한다. 어떤 여인은 음부를 벌린 채 그곳을 애무하고(「등을 기댄 누드(Nu adossé)」(1910)), 다른 여인들은 음부의 검은 숲을 더욱 잘 보이게 하려고 때로는 스타킹을 신은 두 다리를 벌리고 자랑스럽게 그것을 노출하고(「벗은 여인(Femme nue)」, 「임신한 여인의 누드(Femme enceinte nue)」(1910), 「앉은 누드(Nu assis)」(1914), 「초록색 스타킹을 신은 누드(Nu aux bas verts)」(1912), 「다리를 벌리고 누워 있는 누드(Nu allongé aux jambes écartées)」(1914)), 때로는 돌출한 클리토리스를 드러내기 위해 억지로 대음순을 벌린다(「꿈꾸듯 관조하는 여인(Contemplée en rêve)」(1911)). 쉴레는 그렇다고 해서 커플의 모습을 그리는 것을 소홀히 하지 않는다. 그는 강렬한 색채와 호색적인 체위로 살찌고 관능적인 육체들을 그려낸다(「포옹하는 두 여인(Deux filles enlacées)」, 「반대 방향으로 누워 있는 두 여인(Deux filles allongées en sens contraire)」, 「앉아 있는 커플(에곤 쉴레와 에디트 쉴레)(Couple assis (Egon et Edith Schiele))」(1915)). 이와 함께 폭포처럼 열정적으로 끓어오르는 「포옹(Enlacement)」(1917)이나 제목에 걸맞게 알몸의 여인이 불그스레한 거대한 남근을 쥐고 있는 「붉은 면병(L'Hostie rouge)」(1911) 같은 작품들도 커플을 그려낸 수작이다. 그런데 「붉은 면병」에 대한 에곤 쉴레의 설명이 흥미롭다. "에로틱한 예술 작품도 신성한 성격을 지닌다."

'죽어버린' '검은' 도시 수도 비엔나를 떠나서 살기를 희망했던 쉴레는 비엔나 근처의 작은 마을 노이렌바흐에 체

류하던 중 1912년에 미성년자 약취와 강간 죄목으로 체포
된다. 이 사건으로 그는 3주간 감옥에 구금되었으며, 그의
에로틱한 작품들은 압수당한다. 하지만 재판은 중지되었
고 법원은 기소를 취하한다. 그러나 법원은 비도덕적인 그
림을 그렸다는 죄목으로 쉴레에게 3일간의 구금형을 선고
하는 동시에, 젊은 예술애호가들이 아주 높이 평가했던 상
반신 아래를 벗고 있는 어린 여자아이를 그린 아름다운 수
채화 한 점을 파기할 것을 명한다. 성기를 보여주고, '외설
적'이라 여겨지는 자위 행위나 '변태적'이라 평가받는 동성
애적 관계를 드러내는 것이 본래부터 관객과 비평단과 사
법부의 적개심을 유발할 만한 성질의 것이라면, 고발이란
것은 누구나 강력히 원하는 성 충동과 더불어 성애를 나
누는 육체 자체에 이미 기입되어 있는 죽음의 충동까지
책임지기를 주저하지 않는 이 야심만만한 에로티즘을 거
부하고 은폐하고 억제하려는 깊은 욕구에 더더욱 부응하
는 것처럼 보인다. 「죽은 엄마(Mère morte)」(1910), 「임신
부와 죽음(Femme enceinte et la mort)」(1911), 「단말마
(Agonie)」(1912), 「죽음과 소녀(La mort et la jeune fille)」
(1915~1916) 같은 작품에서 명백히 드러나는 이러한 에로
티즘이야말로 성애의 장치들과 죽음의 인영(印影)을 통해
인간이란 존재의 신비와 오의에 대해 끈질긴 질문을 던지

는 에로티즘이다.

■ 한스 벨메르, 총통 히틀러에 맞서는 인형

에로티즘과 인간의 정신이 만나 함께 하는 쉼 없는 집요한 전진은 마침내 한스 벨메르(Hans Bellmer : 1902~1975)의 「인형(Poupée)」과 그의 사상과 작품을 표현하는 특징적인 표기법의 발명과 더불어 놀라운 표현 방식을 발견한다. 화가가 앞으로 사력을 다해 완강히 맞서 싸우게 될 나치즘이 도래한 해였던 1933년, 한스 벨메르의 어머니는 방금 찾은 장난감 상자를 아들에게 건네준다. 이것이야말로 벨메르의 삶을 결정짓는 하나의 사건이었다. 장난감 상자에서 발견한 것은 벨메르가 막스 라인하르트(Max Reinhardt)의 연출로 보았던 오펜바흐의 오페라 「호프만 이야기(Contes d'Hoffman)」에 등장하는 인형 올랭피아가 그에게 남긴 강렬한 인상에 버금가는 것이었다. 주지하다시피 프로이트는 이 「호프만 이야기」에서 '두려운 낯설음' 아니 어쩌면 '두려운 친밀함'으로 해석하는 것이 나을지도 모르는 'Unheimlich' 개념을 만들어냈고, 바로 이것 때문에 두려운 성애가 지닌 친숙하면서도 가족적인 유아기적 차원이 여전히 에로티즘의 모든 분야를 아우르는 역동성 속에서 정당한 자리를 얻게 된다고 설명한 바 있다.

나무와 금속으로 뼈대를 만들고, 그 위에 종이 반죽과 석고를 입혀 형태를 만든 다음, 가운데의 둥근 공 모양의 것을 이용해 나무 조각들을 움직이게 만듦으로써 더욱 완벽하게 탄생한 인형, 즉 「관절이 움직이는 인형의 조립에 관한 변형들(Variations sur le montage d'une poupée articulée)」의 연구에 몰두하면서, 벨메르는 애착과 잔인함이 뒤섞여 있는 아이들의 놀이처럼 친숙하면서도 환상적인 작업을 진행한다. 이러한 벨메르의 작업을 우리는 『육체적 무의식에 관한 작은 해부학(Petite anatomie de l'inconscient physique)』 혹은 『이미지의 해부학(L'Anatomie de l'image)』(1957)에 나오는 마지막 말을 차용해 '실험적 에로티즘'이라 명명할 수 있을 것이다. 주무르고 부풀리는 방식으로 인형의 다양한 기관들(팔다리, 성기, 배, 머리, 가슴, 피부 등)과 볼륨들을 구성하고 해체하고 재구성하면서 예술가는 헝클어진 리비도 에너지의 역선을 구체화하는 육체를 대상으로 상상을 초월하는 기괴한 형태들을 만들어낸다. 『이미지의 해부학』에 바치는 서문에서 벨메르는 이렇게 설명한다. "육체라는 것은 꿈과 마찬가지로 얼마든지 변덕스럽게 자신에 대한 이미지의 무게중심을 옮길 수 있다. 호기심 많은 반항심의 영감을 받게 되면, 육체는 다른 육체에서 잘라낸

것들을 몇몇 기관에 포개놓는다. 예를 들면 팔 이미지 위에 겹쳐진 다리의 이미지나 겨드랑이 이미지 위에 겹쳐진 성기의 이미지 같은 것이 그것이다. 이를 통해 '압축'이나 '유사 증거', '모호성', '말장난'이나 기이한 해부학적 '확률론'이 만들어지는 것이다." 그는 또한 이렇게 덧붙인다. "육체란 무한한 철자 바꾸기를 통해 진정한 내용이 재구성될 수 있도록 끊임없이 해체될 것을 요구하는 문장에 비교할 수 있는 것이다." 인형은 문장이기보다 하나의 반향필기다. 아니 어쩌면 경계하거나 방심한 상태로 에로틱한 흐름을 쇄신하거나 막아버리고, 그것으로부터 자양분을 섭취하거나 무너져 내리면서, 통일되고 균질적인 육체들의 매끈매끈한 표면 아래서 은밀하게 이루어지는 깜짝 놀랄 만한 기관들의 밀거래와 성욕을 자극하는 연금술적인 변환에 자신을 내맡기고 있는 원초적인 리비도의 움직임의 홀로그래피적인 재현이다.

벨메르는 소녀들의 유희와 닮은 조작을 확대하는 것에서 한 발 더 나아가, 정신분석학의 영감을 바탕으로 자신의 인형에 호프만적인 잔인함의 그늘을 투사한다. 그는 유니폼을 입고 무장한 채 기계적으로 늘어선 군대와 군대식 조직체의 일원이 된 나치의 신봉자들의 무리에 맞서 자신이 만든 변화무쌍하고 연약한 인형을 내세운다. 그러면서 그는 「운동장의 신들(Dieux au stade)」을 만든 영화 감독 레니 라이펜스탈(Leni Riefenstahl)이 찬미했던 아름답고 조화로운 육체 — 공포와 증오와 공격성과 노예 근성과 비천함으로 구성된 똑같은 거푸집에서 단단하게 빚어져 나온 똑같은 육체에 불과한 — 를 지닌 그리스 아리아 민족의 우월적 이데올로기를 비웃는다. 상징적이고 고문당하고 무정부주의적이며, 언제나 사용 가능한 벨메르의 작은 인형 마리오네트는 행동으로의 모든 이행을 정지시키며, 총통 히틀러를 때로는 양손을 모아 반바지 앞섶에 대고 있거나 때로는 남근에 준하는 팔뚝을 들어 거세를 거부하는 파시즘적인 구원에 투사하고 있는 뻣뻣하게 움직이는 하이데거 식의 꼭두각시로 만들어버린다.

신기에 가까울 정도로 수완 좋은 벨메르의 그림들은 무의식적인 힘들의 엄격하고 환상적인 다이어그램으로 제시된다. 무의식적인 힘들은 신체 기관을 발판으로 도약하면서 마침내는 유기체적인 기관뿐 아니라 정치 기관까지도 뒤흔들어버린다. 이 힘들은 섬세한 정신으로 인해(여인과 소녀들의 몸을 아주 우아한 곡선으로 처리하는 등) 기하학적 정신과 연결된 아주 드문 기하학적 정밀함(해부판 위에 놓인 채 국소 뢴트겐 촬영한 에로스를 배출하는 기관들)과 구분되는 한편, 아주 드문 분석적 섬세함에서도 벗어난다. 마치 에로티즘을 최고의 정점으로 끌어올리기 위해서는 이쪽과 저쪽을 연결하면서 모든 재료들이 다 동원되어야 하는 것처럼 말이다. 즉, 이쪽에는 성기와 가슴, 항문, 발, 손 등 거의 언제나 서로 포개지고 접합된 상태로 자기애적인 충만함을 드러내는 분할된 육체들이 있고, 저쪽에는 에로티즘이 속도와 방향을 새기기 위해 머리를 숙인 채 돌진하는 끔찍하면서도 거만한 초현실의 세계를 구성하는 점들과 곡선들, 공간들, 대상들, 뒤얽힌 기관들과 같은 놀라운 생물학적 풍경이 있다. 『한스 벨메르의 그림들(*Les desseins de Hans Bellemer*)』이라는 책에서 옐렌스키(Constantin Jelenski)는 벨메르의 그림들이 강렬한 자기애적인 영향력을 넘어 궁극적으로는 이타성으로 향하는 길임을 지적한다. "이 에로틱한 작품은 믿을 수 없을 정도로 완벽한 선을 통해 성행위에 대한 고정되고 수사학적이며 비위를 맞추는 이미지가 아니라, 억압되고 수치스럽게도 금기의 영역으로 밀려났으면서도 여전히 타자와의 융합을 추구하는 바로 그 메커니즘 — 즉, 성적인 방종을 뜻하는 리베르티나주의 근본이기도 하지만 사랑의 근본이기도 한 그것 — 을 구성하는 것을 다시 보여주고 있다."

■ 마르셀 뒤샹, 「에로(ㄹ)스 세라비(Rrose Sélavy)」

『마르셀 뒤샹과의 대담(*Entretiens avec Marcel Duchamps*)』에서 "당신의 작품에서 에로티즘이 차지하는 비중이 얼마나 되느냐"는 비평가 피에르 카반(Pierre Cabanne)의 질문에 뒤샹(Marcel Duchamps : 1887~1968)은 주저 없이 "엄청나다"고 답한다. 뒤샹이 '에로(ㄹ)스 세라비'라는 또 다른 이름으로 활동하기도 했음을 상기한다면, 뒤샹의 작품 속에서 에로티즘의 위치는 분명 엄청난 것 이상이라고 말할 수 있다. '로즈'의 'r(air)'를 공기를 뜻하는 'air'처럼 들리도록 대문자 'R'로 부풀리며 발음함으로써 마치 '에로(ㄹ)스, 세라비', 즉 '에로스, 그것이 인생이다'라는 승리의 장엄한 교향곡처럼 들리는 이 가명으로 뒤샹은 '아포리즘'들과 더불어 몇몇 작품을 발표했다. 시인이자 에로틱한 소설인 『만천 개의 음경(*Les Onze Mille Verges*)』(1907)의 저자이기도 한 아폴리네르(Guillaume Apollinaire)는 뒤샹을 가리켜 "현대 화파 중 누드에 관심을 가졌던 유일한 화가"라고 말한 바 있다. 이는 다소 의외이긴 해도 뒤샹의 예술과 사상이 지니는 항구적인 역선과 중심 축을 지칭하는 판단이 아닐 수 없다. 화가로서 데뷔한 초기 시절, 특히 1910년에서 1911년 사이에 뒤샹은 세잔과 야수파의 영향을 받아

「R. 뒤무셸 의사의 초상화(Portrait du Dr R. Dumouchel)」처럼 견고한 초상화를 많이 그렸다. 이 시기의 초상화들은 특이하게도 얼굴 주변과 활짝 편 손 주위로 분홍색 아우라를 지녔다는 특징을 지닌다. 이에 대해 한 비평가는 후일 '남성 자위 행위의 암시'라고 말하게 된다. 누드화를 통해 뒤샹은 이상화의 동시에 끝없는 탐색의 대상이었던 여성 육체에 적용된 기념비적인 건축에 대한 자신의 취향을 드러낸다. 「붉은 누드(Nu rouge)」, 「목욕통 속의 여인의 누드(Femme nue dans un tub)」에 등장하는 여인이나 「세례(Baptême)」의 두 여인 혹은 「두 명의 누드(Deux nus)」에서 볼 수 있는 거대한 여인 그리고 「수풀(Le Buisson)」 속의 서 있는 여인에 이르기까지, 그녀들의 허벅지는 때로는 변형까지 되면서 마치 무거운 하중을 떠받드는 건물의 지주 기둥처럼 다루어져 있는 반면, 좀더 평면적이고 유려하며 장식적인 배경은 뒤샹이 원하기만 했다면 얼마든지 마티스나 보나르, 뷜라르(Vuillard)류의 작품들을 관통하는 풍부한 색채의 에로티즘의 경향을 용이하게 꽃피울 수 있었음을 암시한다. 1912년 엄격한 입체파적 구성을 따르는 「계단을 내려오는 누드(Nu descendant un escalier)」를 통해 뒤샹은 누드화를 아카데미적이고 사실적이고 원형적이고 음탕하고 우화적이고 '임질적인' 좌대에서 내려오게 만든다. 파울로 우첼로 식으로 판과 디스크, 창들이 삐걱거리는 소리 속에서 마찬가지로 얇은 조각으로 만들어진 「계단을 내려오는 누드」는 에로틱한 명상의 시작을 알린다. 에로틱한 명상은 여러 작품을 거치며 지속되다가 「에땅 도네(Etant donnés)」라고 명명될 최후의 거대한 작품의 매끄러운 음부 속에서 결정적으로 미완성의 상태로 남게 된다. 뒤샹은 「계단을 내려오는 누드」를 1912년 파리의 입체파 전시인 살롱 데 쟁데팡당(Salon des Indépendants)에 내보냈지만 주최측은 전시를 거부한다. 이어 1913년 뉴욕 아모리 쇼(Armory Show)에 소개된 이 그림은 스캔들을 일으킨다. '고전적'이기도 한 이 작품에 대해 왜 그처럼 많은 저항이 있었던 걸까? 뒤샹의 진단은 이러했다. "사람들은 계단을 내려오는 누드를 그리지 않는다. 그것은 우습다. 아마도 이것이 스캔들의 원인이 아니었을까?" 어떠한 노출도 없는 이 '내려오는 누드'를 '내려올 수 없는 것'으로 만드는 것은 어쩌면 무덤 속으로 내려가기 혹은 십자가 내리기 혹은 지옥에 내려가기 등의 전통적인 주제들의 반어적인 메아리인 '내려옴' 자체가 아닐까? 좀더 정확히 말하자면, 이것이야말로 뒤샹의 모든 작품들을 관통하는 삶과 죽음, 즉 에로스와 타나토스의 참을 수 없는 교차를 발견하게 해주는 것이 아닐까? 여체의 곡선과 에로틱한 연쇄

로 이어지는 일련의 놀이는 연약하고 깨지기 쉬운 생명선
— 은총선 — 을 그린다. 하지만 마이브리지(Edward James
Muybridge)나 마레(Etienne Jules Marey)의 동판 사진에서
처럼 지속적으로 끊어지는 플랜으로 처리되어 마치 '바닥
보다 더 아래로' 떨어질 것처럼 보이는 이 벌거벗은 마네
킹은 어쩌면 기계적인 소음과 더불어 죽음의 선을 표상하
는 것일 수도 있다. '움직이는 누드'와 같은 해인 1912년 뒤
샹은 「빠른 속도로 지나가는 누드들 앞의 왕과 왕비(Le
Roi et la reine traversés par des nus en vitesse)」, 「급속히
나체들에 둘러싸인 왕과 왕비(Le roi et la reine entourés de
nus vite)」 같은 작품들을 통해 여전히 누드에 관한 탐구를
지속한다. 여기에서 왕과 왕비, 누드들은 현대성의 강박적
인 가치라고 할 수 있는 '속도'가 해방시키고(뒤샹 역시 자신
의 노트에서 '해방된 금속'이라는 표현을 쓰고 있다), 풀어주
고, 에로티즘의 잠재력을 떨게 만드는 것을 임무로 삼고 있
는 듯한 금속성의 판들인 기하학적 요소로 분할되어 있다.
　　1915년부터 1923년에 이르는 8년 동안 뒤샹은 「큰 유리
(Le Grand Verre)」라 명명된 「미혼의 친구들에게 발가벗겨
진 신부, 심지어(La Mariée mise à nu par ses célibataires,
mêmes)」 제작에 몰두한다. 크기가 276.8×175.2센티미터
에 이르는 어마어마한 규모로 보나, 마치 백화점의 진열창

처럼(1913년 노트에서 뒤샹은 "가게 진열대에 내걸린 하나 혹은 여러 개의 물건들과 더불어 유리를 통해 비치는 성교를 부조리하게도 감추려고 애쓸 필요는 없다"고 쓰고 있다) 숙련된 목수의 솜씨로 여러 금속들을 조합한 재치 있는 배치를 보여주는 재료의 구조 ― 기름, 니스, 납판, 다림추, 알루미늄 위에 세워진 두 개의 커다란 유리 위에 낀 먼지, 목재, 강철로 된 틀에 이르기까지 ― 로 보나 이 작품은 기념비적인 작품임에 틀림없다. 작품 아래쪽 유리판은 미혼 친구들의 영역으로, 세 개의 밀대가 달린 '초콜릿 분쇄기'와 '유니폼과 제복의 묘지'가 되는 '아홉 개의 틀', '유사 금속'으로 만들어진 '물레방아'가 돌아가는 홈, '눈으로 보는 증인'이라고 할 수 있는 원의 호 모양으로 펼쳐져 있는 일곱 개의 '체'를 포함한다. 윗유리는 신부의 '개화'가 일어나는 장소로, '섹스 실린더(말벌)'와 '목매단 암컷', '살색의 은하수', 세 개의 '기류 피스톤', 아홉 발의 '발사된 탄환'의 탄착점 등이 줄지어 서 있다. 운반 도중 일어난 사고로 균열이 생긴 두 개의 커다란 유리판 사이에서 투화(透化)되어 있는 이 모든 장치들은 화가가 다양한 대상들, '물건들'을 가지고 기계적이고 물질적이며, 유물론적인 범주에서 '실현하고자' 했던 에로티즘의 복잡하고 기묘한 비전을 보여주는 데 이용되고 있다. 아래에서처럼 「소금 장수(marchand du sel)」라는 제목으로 모아놓은 화가의 설명 노트에서 발췌한 인용문들의 파편들을 조합해보면, 분명 장 쉬케(Jean Suquet)가 지적한 바 있는 "현대의 반짝이는 유리" ― 유기적인 것과 기계적인 것, 성애와 모터 사이에서 일어나는 쇼트 사고로부터 기인하는 에로티즘의 생생한 빛들이 지나가는 유리 ― 에 대해 쉽게 이해할 수 있을 것이다.

"(계속해서 상승하려고 하는) 장소에서 에로티즘이 발현한다. 에로티즘은 미혼의 기계가 지니는 거대한 톱니바퀴 중의 하나다. / (욕망의 모터를 돌리는 것, 이것이 이 음탕한 톱니바퀴의 결과다.) / 만일 신부 모터가 처녀성의 개화로 나타나야 한다면 / 신부의 근저는 모터다. 하지만 자신의 소심한 힘을 전달하는 모터이기 이전에 신부는 이미 소심한 힘 자체다. 이 소심한 힘은 일종의 자동차 연료처럼 사랑의 기름이다. 아주 작은 기통에서 분배된 이 사랑의 기름은 '그녀의 항구적인 삶의 불꽃'으로 화하여 자신의 욕망 끝에 다다른 처녀의 개화를 위해 사용된다.(…) / 이 작품은 욕망하는 신부가 상상해왔던 성생활의 요소들, 다시 말해 처녀성을 버리고 여인으로서 개화하는 작업에 필요한 요소들의 목록이다(…). 아주 작은 기통의 엔진은 신부의 생식 샘의 분비물인 사랑의 기름과 더불어 쾌락에 대한 강렬한 욕망을 돋보이는 방식으로 발전시키는 옷 벗기 행위로부터 발산되는 전기 스파크를 통해 작동된다. 소심한 힘은 욕망의 끝에 도착한 처녀를 폭발시키고 활짝 피운다. 그야말로 개화다."

물론 뒤샹의 작품에 등장하는 신부가 단순히 성교를 하지 못해 안달이 나서 남성 성기의 삽입만 기다리고 있는 축축한 여성의 성기로 축소될 수 없다는 사실은 분명하다. 뒤샹의 신부는 매우 활동적이면서도 아주 건조한 역동적인 리비도의 행위자며, 자신의 고유한 법칙에 따라 움직이는 에로스의 장치이자 그 형태 자체다. 에로스는 성기나 '세 번 쏜 탄환'으로 암시되는 성교 혹은 남녀의 자위 행위(미혼의 친구들은 자기 초콜릿을 스스로 뺀다)를 넘어서서 내면적인 구조를 드러낸다. 불꽃, 폭발, 흙탕물 벼락, 개화(예를 들어, 5~6페이지에 달하는 해설 노트에서 서른 번 이상 등장하는 개화라는 단어는 뒤샹의 생각을 확실히 드러낸다)와 같은 단어들은 지울 수 없는 쾌락과 오르가슴의 힘이 강렬한 욕망과 임박한 실패와 죽음('묘지' 혹은 균열)과 더불어 이 나체화의 작업 속에서 축적되고 있다는 사실을 충분히 말해주고 있다.

뒤샹의 에로틱한 비전은 통상적인 범주를 벗어나는 하나의 작품과 더불어 리얼리즘과 환상주의, 명확함과 신비로움의 절정에 도달한다. 「에땅 도네 : 1° 낙수, 2° 가스 조

名(Etant donnés : 1° la chute d'eau, 2° le gaz d'éclairage)」
이라 명명된 이 작품은 전체 규모가 242.5×177.8×124.5센
티미터에 이르는 웅장한 구성물로, 뒤샹은 1946년부터
1966년까지 20년을 이 작품의 제작에 바쳤다. 사용된 재료
들(석고, 벽돌, 리놀륨, 판자, 비스킷 상자, 램프 등)과 전체적
으로 보아 마구잡이로 배치된 듯한 느낌은 이 작품에 '구
르비(Gourbi)'9)라는 친숙하고도 묘사적인 애칭을 부여하
였다. 이 '구르비'는 뒤샹에게서 빈번히 나타나는 삼박자
리듬에 따라 공간 속에서 발전한다. 한 예로「세 개의 표
준 선(3 standard stoppages)」(1913~1914)에서 볼 수 있는
'문', '벽돌', '풍경'을 들 수 있다. '문'은 철 막대 위로 미끄
러지는 상용 목재로 만들어진 네 개의 단단한 나무판으로
구성되어 있다. 그런데 이 나무판에는 대략 사람의 키 높
이쯤 되는 곳에 두 개의 작은 구멍이 뚫려 있다. 이 구멍은
방문객 — 아니 뒤샹의 얘기를 빌면 관음증 환자 — 으로
하여금 낮은 벽돌담 위에 생긴 커다란 틈을 통해 3차원으
로 그려진 장면을 들여다보게 한다. 즉, 덤불 속에 드러누
워 한 손으로 폭포수가 있는 먼 배경으로 빛을 발산하는
아우어의 백열 전구를 들고 있는 나체의 여인을 그린 자연
의 위대한 투시화 같은 양상을 띤 장면 말이다. 이 여인은

9) 북아프리카에서 흔히 발견되는 일종의 누막을 뜻함.

작품을 구성하는 모든 장치가 도달하는 귀결점이다. 여인은 포기한 듯한 자세로 등을 기대고 누워 있다. 여인을 바라보는 자의 시선에는 빛으로 반짝이는 여인의 복부의 넓은 표면과 크게 벌어진 허벅다리가 들어온다. 여인의 얼굴은 보이지 않고 대신 금발머리 한 타래만이 눈에 띈다. 여인이 붙들고 있는 백열 전구는 마치 르네상스 시대의 어떤 풍경, 예를 들면 모나리자의 뒷배경과 흡사한 풍경을 비추고 있다. 그런데 모나리자와 관련해 뒤샹은 예전에 철자로 읽을 때 'Elle a chaud au cul(그녀는 뜨거운 엉덩이를 가졌다)'라는 뜻이 되고, 영어로는 'look'으로 읽히는 「L.H.O.O.Q」라는 전설적인 작품에서 모나리자의 입가에 수염을 달아 만인의 연인 모나리자를 남성화시키는 동시에 희화화시킨 적이 있었다. 어쨌든 「세 개의 표준선」에 등장하는 구멍 속 장면의 경우, 여러 개의 램프가 다양한 형상을 비추게 되는데, 뒤샹은 그 중에서 150와트 스포트라이트는 반드시 누워 있는 여인의 "음부 위에 수직으로 정확히" 떨어져야만 한다고 명시한 바 있다.

이런 의미에서 가장 강렬한 빛이 향하는 곳은 바로 여인의 '음부'다. 이런 노골적인 지시는 어쩌면 고전적인 전통에서 차용된 것인지도 모른다. 타렌트의 거장으로 알려진 대가의 작품으로 루브르 미술관에 전시되어 있는 「여섯 명의 전설적인 구혼자들의 숭배를 받는 비너스(Vénus adorée par six amoureux légendaires)」를 보자. 여섯의 구혼자들은 그림 아래쪽을 장식한 꽃들 사이에 반원형으로 포진한 채 무릎을 꿇고 앉아 있다. 여섯 개의 광선으로 형상화된 그들의 시선은 모두 그림 위쪽의 한 곳을 향하고 있다. 시선의 초점은 질의 형상을 한 마름모꼴 속에 서 있는 벌거벗은 여인의 성기로 집중된다. 아마 날개 달린 비너스의 주변을 날아다니는 두 명의 아기 천사 큐피드는 전적으로 성적인 '숭배'의 거친 표현을 '승화'하려는 목적으로 그곳에 있는 것인지도 모른다. 시선이 관통하는 「에땅 도네」의 다양한 공간들 역시 이 장치의 중앙에 위치한 여성 성기를 향해 초점을 모은다. 관음증 환자들은 이를 통해 음모가 완전히 제거된 음부와 간신히 보일까말까한 음순이 달린 외음부를 관조한다. 일견 기다란 홈처럼 보이는 여인의 외음부는 육중한 허벅지를 난폭하게 벌리면서 생겼을 법한 상처나 흉터 같은 균열 양상을 띤다. 석고로 조형을 뜬 여인의 여러 가지 신체 기관들은 살색의 돼지 가죽으로 덮여 있다. 이는 덤불 속에 쓰러져 있는 여인의 육체가 주는 두려운 낯섦 혹은 친밀함을 가중시킨다. 질에 나 있는 균열이 삽입하는 성교에 대한 욕망이요 호소가 될 수 있다면, 널따란 배의 표면과 골반의 풍만한 볼륨 그리고 넉넉한 몸집은 우리를 고대의 모신이자 풍요와 농경의 주신이었던 선사 시대의 비너스로 이끈다. 한편, 덤불 속에 지쳐 쓰러진 육체와 보이지 않는 얼굴 그리고 상처 입은 성기와 땅 속으로 꺼진 듯한 모습은 지하 세계의 존재를 드러내면서 피할 수 없이 집요한 죽음의 충동을 확인시킨다. 그러나 여인의 손에 들린 아우어 백열 전구가 켜져 있다는 것은 기계적이고 예술적인 잡다한 행위와 옷 벗기기의 유물론적 움직임을 통해 사랑의 신세계를 알리는 계시적인 몽타주 끝에 뒤샹이 선언하는 것이 바로 '빛이 생겨라(fiat lux)'임을 말해 준다. 모든 기호들(버려진 몸, 들어올린 팔, 램프, 4원소 — 물, 공기, 불, 흙 — 까지)은 뉴욕항의 입구에 세워진 자유의 여신상 몸짓을 패러디하면서도 여전히 세상을 환하게 밝히는 에로스, 에로스는 인생이라는 사실을 선언하는 새로운 '신비적 계시론'에 길을 터주기 위해 협력한다.

■ 미켈란젤로 · 조르지오네 · 티치아노 · 푸생 · 램브란트 · 부셰 · 쿠르베 · 발투스 · 크리스토 외 기타

어떤 의미에서 종종 예기치 않았던 꼬인 방식으로라도 에로스와 함께 길을 걸어가보지 않은 화가는 거의 없다. 물론 그들이 에로스를 격찬하지는 않았다고 할지라도 말

이다. 바티칸 시스티나 소성당의 천장화와 벽화에 힘 — 프로이트를 명상의 심연으로 빠뜨렸던 로마의 생 피에로 오리엥 성당의 건장한 장사 모세가 보여주는 영웅적인 근육의 경우처럼 — 과 조화로움 — 형태에 대한 일종의 강박에서 비롯된 — 을 지닌 남녀 군상들의 눈부시게 건장한 육체를 그려넣은 미켈란젤로(Michelangelo : 1475~1564)는 분명 에로스를 격찬했음에 틀림없다. 도발적일 정도로 육화된 미켈란젤로의 인물들은 실로 에로틱하다는 말 외에 다른 말로 규정하기 어렵다. 이는 어쩌면 믿을 수 없는 도전에 응한 화가의 미학적인 폭력이다. 죄인이든 아니든 「인간의 탄생(La Création de l'homme)」(1509~1511)이나 「최후의 심판(Jugement dernier)」(1541)의 순간에 포착된 인간의 육체는 우리에게 과연 그들이 창조자 신의 영광을 찬미하기 위해 거기에 있는 것인지 의문을 품게 한다. 이 작품에서 우리는 부인할 수 없는 존재감으로 공간 전부를 차지하는 인간밖에는 볼 수가 없는데, 그렇다면 행여 혹시라도 인간들의 육체와 살에 승리를 선언하고, 거기에 가장 높은 최상의 돋을새김 — 지나치게 순진한 자들이 개입을 통해 그것을 위장하면서 불경한 손을 얹었던 — 을 해주기 위해 신들이 부름을 받고 그곳에 소환되어온 것은 아닐까? 그와는 다른 시대, 다른 장소이지만 로댕(Auguste Rodin :

1840~1917)이라는 건축가로 하여금 「지옥의 문(Porte de l'Enfer)」(1880~1917)이라는 거대한 작품을 구상하고 세우게 한 것 역시 생생한 숨결이 불어넣은 화가의 에로틱한 에너지다. 한 덩어리로 들러붙은 벌거벗은 육체들은 마치 금방이라도 조각의 받침돌에서 떨어져 나와 인간 세상 속으로 뛰어들어 인간 욕망이 지니는 무한한 시적인 힘을 선포할 것처럼 사방으로 뒤틀려져 있다. 성서나 단테의 작품에서 주제를 빌어온 시와 상징 혹은 우화들은 모두 지옥을 환기시키는 것 이상으로 격렬하면서도 치명적인 인간 육체의 배아를 품고 있으며 양분을 공급한다. 이것이야말로 「입맞춤(Le baiser)」의 조각가에게 나타나는 강박적인 주제였다.

에로스는 더 조촐한 규모의 작품에서도 얼마든지 폭발할 수 있다. 거의 일기 예보 배경 수준의 별것 아닌 것처럼 보이는 주제를 다룬 소형화 「폭풍(Le Tempête)」(1506)이 그 좋은 예다. 조르지오네(Giorgione : 1477~1510)의 유명한 이 작품은 여전히 수수께끼로 남아 있다. 바위에 앉아 아이에게 젖을 먹이고 있는 이 여인, ─ 사람들이 집시로 추측하는 ─ 관능적인 자세의 발가벗은 여인은 대체 누구인가? 그림 반대편에 서 있는 남자, ─ 군인이거나 올림포스의 전령 헤르메스일지도 모르는 ─ 어둠 속에서 웅크린 자세로 무언가를 관찰하는 듯 자문하는 듯, 아니 우리에게

≈

질문을 던지는 듯한 자세로 서 있는 이 남자는 또 누구인
가? 한편, 평온한 풍경을 환히 밝히는 'coup de foudre'[10]
로 지상의 여인인 요정 이오를 막 범하려고 하는 제우스의
남근처럼 지그재그로 하늘에 줄을 새겨넣고 있는 이 벼락
의 의미는 대체 무엇인가? 서서 관찰하는 남자와 앉아서
수유중인 여자(엄마? 애인?) 사이에는 신비스러우면서도
강한 관계가 맺어져 있다. 이 관계는 조용한 마을의 다리
가 보여주는 완벽한 수평선 — 인물들을 우주적 원 속에
포함시켜 고정시키고, 그들을 분리했다가 연결하기를 반
복하는 하늘과 벼락처럼 인물들을 분리시키고 연결시키는
직선 — 과 대조를 이루면서 구름을 잔뜩 머금은 하늘에서
뿜어져 나오는 섬광을 발하는 에너지로 은밀하게 흔들리
고 있다. 이 그림은 아마도 「폭풍」의 폭풍은 바로 에로스
라는 메시지를 전달하려는 기이한 일기 예보라고 할 수 있
겠다. 에로스는 어슴푸레한 빛 속의 평화로운 침묵 속에서
도 폭풍처럼 몰아닥치는 에너지 — 즉, "그는 끊임없이 사
랑의 대상들에 탐닉했다"는 조르지오네에 대한 바자리
(Giorgio Vasari)의 평가가 확인시켜주는 에로틱한 에너지
— 인 것이다. 1508년에 완성된 관능적인 「잠자는 비너스
(Vénus endormie)」(1508)는 이러한 사랑의 탐닉을 긍정한

10) 프랑스어로 'coup de foudre'는 '벼락', '낙뢰'라는 의미와 함께 '한눈에 반하
기'라는 뜻을 지닌다. 여기서는 두 가지 의미를 다 포함하고 있다.

다. 이 작품에서 조르지오네는 우아한 비너스의 자태를 통해 늘 수수께끼 같은 수면의 분위기가 감도는 평화와 어둠 속에 침잠한 에로티즘으로 우리를 초대한다.

인류의 역사를 통해 수없이 많은 비너스와 누드, 목욕하는 여인, 님프와 오달리스크들이 자신의 매력을 미학적으로 ― 때론 스포츠처럼 ― 팔아왔다. 그림 속에 등장하는 대다수의 인물들은 마치 '관음증 환자'의 시선을 유도하고, 필요하다면 거울이나 수면의 도움으로 시선을 이중화시키는 방법을 통해 욕망의 관계를 확실하게 보여주기 위한 것처럼 손을 두 다리 사이에 얹어놓거나 슬쩍 끼운 채 나른한 표정으로 누워 있다. 티치아노(Vecellio Tiziano : 1488?~1576)의 「우르비노의 비너스(Vénus d'Urbino)」(1538)의 주인공은 무력한 자세를 취하며 침대에 길게 몸을 누이고 있다. 그녀의 손은 성기 위에 놓여 있지만, 화가의 섬세한 배려 덕분에 그녀의 몸짓은 너무나 자연스럽게 보인다. 티치아노의 비너스는 이처럼 섹슈얼리티를 긍정하는 동시에 초월한다. 한편, 1554년 작 「다나에(Danaé)」의 주인공은 한쪽 팔을 다리 사이에 끼우고 반쯤 누운 상태에서 욕망의 화신이 되어 하늘에서 황금비로 내리는 제우스의 정자를 바라보고 있다. 분명 황홀경에 빠진 표정으로 누워 있는 「바쿠스제(祭)(Bacchanale)」의 풍만한 아드리아네는 에로스의 인장을 찍은 후 음주가무의 쾌락에 자신을 내맡기고 있는 사람들의 무리 속에서 함께 폭발하기 위해서 잠시 그림 오른쪽 아래에 머무는 듯 보인다. 이는 치켜 올라간 셔츠 사이로 지쳐 쓰러진 미녀의 다리 위로 오줌을 누는 귀여운 고추가 살짝 보이는 꼬마 에로스의 서명이 붙은 시끌벅적한 에로티즘이다. 오른쪽 구석에는 쾌락의 절정에 이른 아드리아네와 대조를 이루는 짝으로 녹초가 된 한 늙은이가 다리를 벌리고 누워 꿈꾸듯 향수 어린 시선으로 축제의 장면을 관조하고 있다. 혼자서 고독한 기쁨을 누리기 위해서일까? 그보다는 아마도 전도자 솔로몬이 얘기한 '헛됨 혹은 인생무상(vanitas)'의 교훈을 깊이 새기기 위해서가 아닐까? 틴토레토(Tintoretto : 1518?~1594)의 「요셉과 푸티파르의 아내(Joseph et la femme de Putiphar)」(1555)에서, 푸티파르의 아내인 이집트 여인은 충직하고 근엄한 유대인 요셉을 붙잡으려고 옷을 벗은 채 누워 다급한 유혹의 신호를 보내고 있다(그녀의 몸짓은 '어서 와서 키스해줘요!'라고 외치고 있다). 한편, 「수잔과 늙은이들(Suzanne et les vieillards)」(1560)에 등장하는 여인은 거울 앞에 앉아 관능적인 거대한 몸을 비추며, 짓궂게도 날이 잘 선 반짝이는 가위를 통해 늙은이들의 변태적인 시선에 완전히 노출되어 있다는 사실에 전혀 아랑곳하지 않는다. 「거울을 보는 비너스

(Vénus au miroir)」에서 벨라스케스(Diego R. S. Velazquez : 1599~1660)는 아들 에로스가 들고 있는 거울에 몸의 뒤쪽을 비춰보고 있는 비너스를 그리고 있다. 어둠 속에 비친 그녀의 그림자는 빛을 받아 반짝이는 돌출한 그녀의 엉덩이와 어딘가 모호한 어떤 곳에서 나온 베일에 가린 의문 사이에서 놀란 채 이러지도 저러지도 못하고 사로잡힌 상태에서 그녀를 바라보고 있는 우리 자신을 바라본다.

에로티즘과 관련하여 푸생(Nicolas Poussin : 1594~1665)은 애써 에둘러 가려 하지 않는다. 푸생은 「헤르마프로디토스(Hermaphrodite)」에서 남녀추니, 즉 자웅동체 동물을 뒤에서 덮치고 있는 사티로스를 보여주고, 커플의 정사 행위를 훔쳐보는 관음증적인 남자를 그리며(「커플과 훔쳐보는 남자(Le couple et le voyeur)」), 사티로스들에게 붙잡힌 요정의 모습을 묘사하기도 한다. 「사티로스들에게 붙잡힌 잠자는 요정(Nymphe endormie surprise par les satyres)」(1626~1627)의 경우, 손을 성기에 대고 머리를 뒤로 젖힌 채 잠들어 있는 여인은 사티로스가 접근해 옷을 벗기고 베일을 걷는 과정을 즐기는 듯 보인다. 또 다른 사티로스는 동료의 행위를 바라보며, 나무 뒤에서 마치 자위 행위와 흡사한 포즈를 취하고 있다. 잠들어 있는 여인의 머리 근처에 꼬마 에로스가 있는 것으로 미루어, 어쩌면 요정은 사티로스들이 흔히 저질렀던 강간을 소재로 한 에로틱한 꿈을 꾸는 중일지도 모르겠다. 사티로스 외에도 성서와 신화 혹은 역사에서 떨어져나온 많은 인물들이 예술가들의 에로틱한 상상을 그들의 전설적인 특징으로 살찌웠다. 예를 들어, 레다와 백조로 변한 제우스 사이의 불처럼 타오르는 순정적인 사랑 이야기에 그 누가 감히 저항할 수 있겠는가? 푸생은 사각거리는 소리를 내는 순수한 백조의 몸을 자신의 부드러운 넓적다리 사이에 품어주고, 목이 긴 아름다운 새가 부리로 몸의 여기저기를 핥아주자 흥분하여 몽롱한 쾌락의 황홀경에 빠져 있는 레다의 모습을 아름답게 그려냈다. 미켈란젤로의 인물처럼 풍만한 폰토르모 (Pontormo : 1494~1557)의 레다가 입을 벌린 채 쾌락에 탐닉하고 있는 모습도 같은 맥락에서다. 한편, 성서에 등장하는 유딧은 이와는 반대되는 범주에 속한다. 거의 언제나 손에 양날 검을 들고 서 있는 모습으로 그려지는 유딧은 말하자면 여성적이지만 단호한 손으로 피가 뚝뚝 흐르는 목이 잘린 홀로페르네스의 머리통을 전리품으로 제시하면서 남근적이고 공격적이며 거세를 감행하는 강한 여성에 대한 환상을 콤플렉스 없이 구현한다. 「여인과 죽음(La Femme et la mort)」(1515), 「사랑과 죽음(허영)(L'Amour et la mort(vanitas))」(1510) 같은 작품에서 보듯 매력적인 나체의 여인과 추악한 해골, 즉 에로스와 타나토스 사이의 육감적이면서도 불편한 관계에 사로잡힌 화가 한스 발둥 그리엔(Hans Baldung Grien)의 「유딧(Judith)」이 바로 그처럼 대담한 모습을 띠고 있는 작품이다. 한편, 램브란트(Rembrandt : 1606~1669)는 「목욕하는 베차베(Bethsabée au bain)」(1654)에서 풍만한 황금빛 누드의 얼굴에서 은밀한 욕망의 불확실성을 포착하려고 노력한다. 다비드 왕의 간택을 받은 여인은 어지럽게 헝클어진 침대 위에 앉아 체념한 듯 어둠 속에서 그녀의 발을 씻어주려고 무릎을 꿇고 앉은 여종을 바라보고 있다. 발을 씻는 행위는 여인이 두려워하고 있는 왕과의 합방에서 얻어질 쾌락에 대해 미리 준비시키려는 것이 아닐까? 어쩌면 위대한 네덜란드 화가 램브란트는 우리가 발끝에서 시작해 육체의 부드러운 관능성을 따라 온몸으로 미끄러지는 욕망이 결국에는 여인의 정숙함을 이기게 될 것이라는 사실을 상상할 기회를 주고 있는 것이 아닌가? 반대로 램브란트의 「요셉과 푸티파르의 부인(Joseph et la femme de Putiphar)」의 경우, 침대로 끌어들이려는 여인의 맹렬한 기세에 저항하는 것은 남자다. 램브란트는 발정한 여인의 부풀어오른 질을 드러내기 위해 반쯤 벗은 여인의 몸을 비틀어 표현했다.

예술가가 자신의 작품에서 벗은 몸을 노출시키기 위해

신화에서 차용한 제목을 붙이거나 동양적 오리엔탈리즘으로 치장하거나 가톨릭 교리문답을 통해 보증하려는 것은 별반 소용없는 일이다. 그래 봐야 비열한 검열과 반에로스적인 조작─작품의 파기나 삭제 혹은 은폐와 같은─을 피할 확률은 거의 없다. 고야(Francisco Goya : 1746~1828)가 「옷을 입은 마하(Maja Vestida)」 옆에 「옷을 벗은 마하(Maja Desnuda)」(1796~1797)를 그리자 종교재판관들의 분노가 폭발했다. 그들은 특별히 강조된 풍만하고 아름다운 가슴과 간신히 음영으로 처리된 삼각형의 치모를 드러낸 채 화려한 방석 위에 누워 있는 여인의 우아한 육체를 본다는 것을 참을 수 없는 것으로 판단했다. 여인의 시선에선 타자의 욕망을 욕망하는 자신에 찬 기다림이 읽힌다. 마네(Edouard Manet : 1832~1883)의 그림 「올랭피아(Olympia)」(1863)는 고야의 누드와 다시 연결된다. 1865년에 살롱에 전시된 이 그림은 적대적인 관객들의 공격 때문에 보호를 받아야만 했다. 낙선자 살롱에 출품되었던 「풀밭 위의 점심 식사(Le Déjeuner sur l'herbe)」(1863) 역시 마찬가지로 신랄한 비평의 대상이 되었다. 화가는 여백이 많은 구성과 풋풋한 색채를 이용해 화기애애하면서도 평온한 분위기를 바탕으로 음식물이 담긴 바구니와 우아하게 차려입은 두 명의 신사 옆에서 발가벗은 채로 피크닉을 즐기는 여인의 모습을 화폭에 담아냈다. 한편, 프라고나르(Jean-Honoré Fragonard : 1732~1806)의 작품들은 정확하고 예민한 에로티즘(「사랑의 꿈(Rêve d'amour)」(1768), 「그네(L'Escarpolette)」(1767), 「화약(feu au poudre)」(1763) 혹은 어린 소녀가 허벅지를 내놓고 작은 강아지와 놀고 있는 어찌 보면 이상한 놀이라고 할 수 있는 장면을 그린 「라 쟁블레트(La Gimblette)」(1783) 등)뿐 아니라 시원시원하고 규모가 큰 에로티즘(옷을 벗은 처녀들이 은밀히 공모에 가담하는 자연 속에서 물을 거울로 삼아 서로 껴안고 있는 장면을 그린 「목욕하는 여인들(Baigneuses)」(1765))에도 마찬가지로 가볍게 끓어오르는 행복감을 제공한다. 부세(François Boucher : 1703~1770) 역시 프라고나르와 같은 범주에 속하는 그림을 그렸지만, 대체로 '예쁜' 그림을 그린다는 명성 때문에 그가 대담하고도 뛰어난 방식으로 여성의 육체를 욕망의 육체요 섹스어필하는 육체로 그렸다는 사실은 잊혀지는 결과를 낳았다. 한 예로, 벽지와 침구류 등에서 보이는 화려한 하늘색이 기조를 이루는 작품 「갈색 머리의 오달리스크(Odalisque brune)」(1745)의 경우, 엎드린 자세의 여인은 볼록 튀어나온 환상적인 엉덩이 근육을 관객에게 보여주며, 거의 완벽할 정도로 그림의 정중앙에 배치되어 대각선으로 양쪽 엉덩이를 가르는 선을 보여준다. 이 작품의 배후에 하나의 철학, 분

명히 신비적 계시론이라는 철학이 숨어 있음을 의심하기
는 어렵다. 비록 디드로(Denis Diderot)가 쾌락을 아래처럼
무미건조한 말로 정의함으로써 흥을 깨기는 했지만 말이
다. "베개 위에 엎드린 자세로 관능적인 얼굴로 가장 아름
다운 등과 가장 아름다운 엉덩이를 보여주는 여인의 누드
는 쾌락으로의 초대다." 최상급으로 표현된 작품을 따지자
면, 펠리시엥 롭스(Félicien Rops : 1833~1898)의 「세상에서
가장 아름다운 여인(La Plus Belle Fille du monde)」은 늘
가진 것보다 더 많은 것을 제공한다. 등을 기대고 누워 머
리를 살짝 돌리고 이미 쾌감으로 벌어진 입과 더불어 손으
로 다리를 벌린 자세를 취하고 있는 여인은 벌어진 엉덩이
와 돌출한 질과 함께 저항할 수 없는 욕구를 생생한 입체
감으로 구현한다.

　몸 전체를 그린 누드화가 그럴싸한 아카데미즘의 대상
으로 전락하거나 미학이란 이름으로 변질되는 것을 피하기
위해 쿠르베(Gustave Courbet : 1819~1877)는 「세상의 기
원(L'Origine du monde)」(1866)을 그린다. 역대의 그림들
중 가장 격렬한 스캔들을 불러일으킨 이 작품은 마치 예술
의 수치스런 부분이기라도 한 듯 한 세기 이상 동안 감추
어져 있었다. 하지만 화가는 이 그림에 대해 '이것은 있는
그대로의 여성 성기다 …'라는 말 외에 별다른 설명을 하

지 않았다. 하지만 그림의 배치, 초점, 즉자이자 대자인 존 재가 되어버린 성기에 대한 클로즈업 등은 세밀하게 재현 된 대음순과 치모, 클리토리스, 치골과 함께 미풍양속에 대한 도전이요 좋은 취향에 대한 도발로 간주되었다. 이는 순수한 ― 그러므로 불순한 ― 성기의 실재에 대한 문화의 끈질긴 저항을 드러내는 동시에 작품이 보여주는 놀라운 에로티즘의 역설을 보여주는 반응이다. 피부-털-점막-배 라는 상투적인 조합으로 이루어진 육체의 한 부분은 그 스 스로 자신을 초월하고, 혼자서 에로티즘을 총체성 속에서 모으고 집약하고 요구함으로써 마침내 물질주의의 마니페 스토로서의 가치를 지니는 그 유명한 제목을 달고 나오게 된다. 즉, 에로티즘, 그것은 거시기, 그러니까 바로 성기이 고 그것은 멀리 찾을 필요도 없이 바로 「세상의 기원」인 것이다.

　세상의 기원을 탐색하면서 무의식의 리비도적인 에너지 인 거시기, 즉 이드를 발견하기 위한 길은 ― 마치 에로티 즘의 보편성을 증명하듯 ― 여러 가지로 열려 있다. 라파엘 로가 그린 「갈라테아의 승리(Le Triomphe de Galatée)」 (1511)에는 사랑의 화살을 쏘는 에로스들이 하늘을 가득 메우고 있으며, 마치 남근의 형상을 한 물고기들과 질의 형상을 한 소라 고동의 패각 사이에 이루어진 최초의 결합을 통해 잉태된 것처럼 파도 속에서 경이로운 창조물들이 모습을 드러내고 있다. 이는 페렌치가 자신의 『탈라싸, 성생활의 기원에 관한 정신분석학(*Thalassa, psychanalyse des origines de la vie sexuelle*)』에서 발전시키고 있는 해양 이론에 딱 들어맞는 매혹적이고 신선한 예가 아닐 수 없다. 이와는 완전히 다른 차원이지만 발투스(Balthus : 1908~2001) 역시 자신의 작품을 통해 비슷한 기원을 찾고 있는 듯 보인다. 놀라운 공간 구성력과 도발적인 자세의 인물들, 혼란스럽게 그려진 색채, 어둠과 빛을 완벽하게 조화시킨 예술을 통해 화가가 평범한 요소들을 이용해 포화 상태에 이를 정도로 누드와 소녀들의 몸짓이 통과하는 환상적인 세계를 감동적으로 반영하려 애쓸 때, 그 역시 세상의 기원을 찾고 있는 것이 아니겠는가. 이러한 발투스의 혼란스러운 비전에 대해 『고성소(古聖所)의 배꼽(*L'Ombilic des limbes*)』의 저자인 시인 아르토(Antonin Artaud)는 전적으로 대뇌변연계적(감정을 통제하는 두뇌)이고 탯줄과 관련된(기원) 사용법을 제시하고 있다. "발투스의 누드들이 만들어지기 위해서 태어나기도 전에 고성소에 떨어진 시체들과 아직 파괴되지 않은 처녀들의 몸이 얼마나 많이 사용된 것일까?" 아직 사춘기에 이르지 못한 몸에서 때로 겸자를 이용하여 태어난 성애에서 유래된 고성소, 에로틱한 우울한 몽상에 잠겨 있다가 발각되거나, 자석의 양극처럼 자화하다가 화상이 정지되는 순간 지진으로 인한 진동처럼 격렬한 욕망을 향해 달려갈 준비가 된 듯 전율하는 자세를 취하고 있는, 타락했다기보다는 전복된 상태의 처녀들 ….

1952년 작 「방(La Chambre)」은 발투스 작품에 대한 에로틱한 해석에 훌륭한 예를 제공한다. 아주 어린 소녀가 알몸으로 소파 위에 누어 잠들어 있다. 팔을 늘어뜨리고 있는 그녀는 방심한 표정이지만, 온몸이 팽팽하게 긴장되어 있는 것으로 미루어 일종의 강력한 성적 신호를 보내고 있는 것임에 틀림없다. 음산하다 못해 거의 흉물스런 생김새의 한 인물이 무거운 커튼을 걷자, 생생한 빛이 안으로 들어와 누워 있는 누드를 에워싼다. 수면은 방(자궁의 상징) 안으로, 소녀의 몸 위로 침투하는 빛에 대해 전적으로 몽환적인 느낌 — 성욕의 환각적인 강렬함 — 을 주는 동시에, 알몸의 소녀를 짓누르는, 무겁게 가라앉은 검은색 공간과 더해져 걱정스럽고 보편적인 죽음의 재현으로 기능한다.

■ 크리스토, 100,000제곱미터짜리 천

예술의 에로틱한 부분을 덮고 있는 커튼을 걷는 것은 쉬운 일이 아니다. 왜냐하면 커튼을 살짝 열어젖히는 순간 사방에서 뛰어난 창조자들과 훌륭한 걸작들이 앞다투어 달려나올 것이기 때문이다. 예를 들면, 에로스의 판도라 상자에서 되는 대로 쏟아져나온 이름들, 즉 마티스, 모딜리아니, 퓌슬리, 들라크르와, 반 다이크, 반 루, 르 카라바지오, 르 코레지오, 델보, 달리, 에른스트, 그로즈, 마쏭, 베이컨, 마그리트, 만 레이, 루이즈 부르조아, 네벨손, 클로소프스키, 샤드, 트루이 등이 그들이다. 하지만 이 정도는 수천의 얼굴을 가진 예술가 에로스의 통치 아래 있는 비범하고 다작하는 백성들의 수에 비해볼 때 지나치게 약소한 숫자가 아닐 수 없다 그리하여 이 시퀀스의 막을 내리려면 임종의 성체배령과 같은 역할을 하게 될 에로스의 마지막 작품이 필요한데, 다만 조건이 있다면 미술사에서 여태껏 한 번도 보지 못했던 가장 넓은 천 — 그러니까 100,000제곱미터에 이르는 알루미늄으로 덮인 폴리프로필렌 천 — 으로 에로스를 잘 감싸야한다는 것이다. 베를린에 있는 독일제국의회 라이스닥(Reistag) 궁전 전체를 뒤덮기 위해 크리스토(Christo)와 잔 클로드(Jeanne-Claude)가 고안, 제작하여 사용한 이 천은 여러 가지 면에서 예술사상 유일한 작품으로, 어떤 의미에서 에로티즘의 정수를 형상화하는 것이라고 할 수 있다. 만일 사랑과 창조라는 생명 본능과 폐허와 석화라는 죽음의 충동의 감각적인 결합을 통해 이중의 현기증에 사로잡힌 우리가 라이스닥을 뒤덮은 금속이 도장된 합성 섬유의 벌거벗은 천이 보여주는 아무것도 씌어지지 않은 페이지 위에서 에로스와 타나토스의 일상적이면서도 특별한 결합을 읽어낼 수 있다면 말이다. 죽음의 충동? 그렇다. 창백한 빛의 거대한 수의에 포위되어 감금된 라이스닥은 마치 벨메르의 인형처럼 길이가 1만 5600미터에 달하는 밧줄로 묶여 있다. 그것은 앞이 보이지 않는 상태에서 자신의 존재로 인해 마음을 빼앗기는 동시에 짓눌려 있는 도시 공간 속에 마치 유령처럼 서 있다. 이는 1894년에 완공 때부터 나치즘의 승리가 결정적으로 굳어졌던 1933년에 일어난 화재의 순간까지, 1945년 전쟁으로 폐허가 되었다가 1960년에 재건축될 때까지 독일을 지배했던 과거의 모든 유령들의 기록이다. 다시 말해 라이스닥 자체만으로 독재와 자유, 희망과 공포 사이를 오갔던 현대사의 축약본이 되는 것이다. 합성 섬유로 구성된 라이스닥의 피부 아래에는 척추와 뼈, 뼈대, 거대한 해골과 같은 다양한 부조들이 돌출해 있다. 이대로 영원히 그곳에 그렇게 서 있을 것 같은 인상이 여기에서 비롯된다. 그러나 이러한 인상은 1995년 6월 24일부터 7월 7일에 이르는 14일간의 짧은 전시회 일정으로 인해 부인되고 해체된다. 건축물과 역사와 정치를 함께 집어삼키는 죽음의 타나토스의 존재에 맞서 작업장 사이를 리비도와 함께 분주하게 누비고 다니는 에로스의 창조적인 역동성이 대립한다. 집단 작업은 그것이 추구하는 미학적 목표나 설계와 실행 과정의 합리적인 조직과는 상관없이 이미 그 자체로 에로틱하게 여겨진다. 거기서는 예술적 구상과 정치적 민주주의, 세심한 기술, 도시 계획과 우아함, 미디어 효과 등이 서로 교차하고 화해를 이룬다. 90명의 암벽등산전문가(오직 건물의 포장을 위해서 동원된)를 포함한 약 210명의 노동자들이 밧줄을 따라 벽면과 지붕을 오르내리며 보여주는 경탄할 만한 움직임은 어떤 면에서 권력과 리얼폴리틱(Realpolitik)을 독점하는 중심으로서 건물이 지니는 정치적 지위를 부인하고 이에 저항하면서, 마침내 그것을 생생한 역사의 기억의 현장이자 순수한 관조의 성지로 끌어올린다.

건물 외벽에 천을 입히고 벗기는 에로틱한 조작이 모두 끝난 후, 라이스닥은 마치 장식 휘장을 휘감은 누드처럼 서 있다. 조각처럼 아름답고 매끄러우며, 잔주름들과 부드럽게 처리된 섬세한 파이핑으로 온몸을 장식한 이 휘장은, 「아름다운 숨결(Belle haleine)」(뒤샹의 그림 제목이기도 한)을 내뿜는 사랑에 빠진 육체처럼 공기(에로(ㄹ)스)의 작은 숨결에도 흔들리고, 무언가를 속삭이면서 음악에 맞춘 듯

일렁이고 있다. 야간 조명의 효과 덕분에 라이스닥은 스쳐 지나가는 빛에 기분 좋게 자신을 내맡기는 듯 보인다. 얇은 알루미늄 막 아래에서 부드럽게 요동치는 외벽은 마치 이데올로기의 점막처럼 사회 생활의 기호와 법과 규칙들이 태어나서 자라는 이 공간을 보호해주는 자궁처럼 여겨질 수 있으며, 이는 민주주의와 에로티즘의 내면적인 유대 관계를 확인시켜준다. 끝으로, '중요한 말을 마지막으로 한 마디만 해두자면(last but not least)', — 에로스의 명단은 결코 지치는 법이 없으므로 — 이 환상적이면서도 일시적인 작업에서 놀라운 역설을 도출해볼 수 있을 것이다. 이 작업에 사용된 천, 밧줄, 석고, 인력, 예산, 시간과 공간을 산출하는 수치들은 모두, 거의 사드나 푸리에 식의 회계 개념으로 볼 때, 국민의 부담으로, 그것도 과중한 부담으로 메워지게 된다. 하지만 이러한 부담은 양적인 것을 질적인 것으로 변화시키는 미학적 전환에 의해 사라지고, 대신 거기에서 자신의 고유한 에로스를 읽고, 예술과 역사가 녹아 있는 이 더미를 자기 욕망의 범위 안에 놓기를 원하는 이라면 누구나 마음껏 사용할 수 있는 백지 수표가 되어 나타나게 되는 것이다.

■ 사진 : "차마 고백하기 어려운 … 누드"

라이스닥을 뒤덮었던 천막에서 비롯된 부수적인 다양한 생산물들 ─ 축소 모형이나 데생, 석판화 등 ─ 가운데서 사진은 특별한 지위를 갖는다. 다양한 앵글로 찍힌 많은 사진들은 예술과 사진 간의 전통적인 공모 관계 하에서 일회적이고 순간적인 예술 작품의 존재를 영속화한다. 충실하든 맹목적이든 현실에 대한 기계적 재현으로 간주된 사진에 대한 사람들의 최초의 반응은 적대감과 경멸이었다. 하지만 예술가들은 사진, 특히 누드 사진이 몸짓이나 해부학과 관련해 정밀함을 보장하는 소중한 도구가 될 수 있음을 재빨리 이해했으며, 아마추어 사진 애호가들은 '외설스럽다'고 규정된 피사체들을 관조하면서 은밀한 혹은 질투어린 행복을 만끽하곤 했다. '누드가 사진에서는 차마 고백하기 어려울 것'이라는 생각과는 달리, 19세기 후반부는 '아카데미 풍의 습작', '누드 습작', '남성 누드 습작', '여성 누드 습작' 등의 학구적인 명칭 하에 소위 '아카데미 스타일'로 불리는 누드 작품들이 물밀 듯이 쏟아져나온다. 어쩌면 이것은 피사체가 여성이든 남성이든, 등을 보이든 정면을 향하든 간에 누드 사진이 전달하는 관능성의 전류를 살짝 돌아가거나 피하기 위한 방책이었다. 예술이란 이름

의 보증 수표가 사라지고 에로티즘의 아우라가 웃음거리
가 되면서, 이제 벌거벗은 육체는 젤라틴을 입힌 사진 건
판 속에서 차갑게 식어버리기에 이른다. 이와 병행하여
'에로틱한' 사진들의 생산이 대규모로 발전하여, 사진작가
와 모델뿐 아니라 배급업자까지도 형법의 대상이 되는 시
기가 왔다. 프랑스에서는 1851년에 사진업과 관련한 최초
의 형사상 유죄 판결이 내려졌다. 1997~1998년에 프랑스
국립도서관에서 개최되었던 사진전 「19세기 누드의 예술.
사진가와 모델(L'art du nu au XIXe siècle. Le photographe
et son modèle)」의 카탈로그는 사진술의 태동기에 홍수처
럼 쏟아져나왔던 이 누드 사진들에 관한 생생하고 교훈적
인 파노라마를 담고 있다. 에로틱한 사진들은 아카데미 화
풍의 경직성이 남성과 여성 육체의 둥그스름한 곡선과 뒤
섞여 있는 누드 습작의 연습용으로 체계적으로 사용된 것
을 넘어서서, 처음엔 비밀리에 소수의 부유한 애호가 그룹
을 겨냥하다 나중엔 더 넓은 고객층을 상대로 한 적극적인
상거래의 대상이 된다. 이렇게 되자 사람들은 숨기기 쉽게
극소형의 사진을 찍거나 스태너프를 만들어 확대경으로
바라보면 눈 아래에서 누드가 활짝 피어나게끔 했다. 외설
적인 포즈를 취하고 있는 그룹 사진들 역시 '폴카'라는 이
름으로 제공되었다. 여성 누드들의 얼굴은 아주 다양하지

만 모두 매혹적인 등을 보여준다는 점은 동일하다. 이는 아마도 조각가 카라뱅(F. R. Carabin)이 1890년경에 찍은 「후면 누드 모델(Modèles de dos)」이 찬미했던 것처럼 육감적으로 빛나는 엉덩이와 더불어 등이 가장 사진이 잘 받는 부위임을 증명하는 것이다. 한편, 이완된 페니스와 거뭇한 삼각형 모양의 음부를 보여주거나 대개 종교적인 주제의 그림을 위해 배경으로 사용되는 남녀의 누드들도 빈번하게 보인다. 그런데 어떻게 보면 반복적이라고 할 수 있는 이러한 생산물 중에서 몇몇 작업이 눈에 띈다. 예를 들어 샤를 프랑소아 장델(Charles François Jeandel : 1850~1942)이 찍은 반쯤 우수에 젖은 푸른색 톤의 사진들은 나체의 여인들이 커다란 바구니처럼 생긴 물건에 묶인 채 매달려 있는 모습을 보여준다. 이 사진과 관련하여 엘렌 피네(Hélène Pinet)가 위의 카탈로그에서 인용하고 있는 1900년도에 씌어진 주석의 내용은 100년 후인 20세기말에 등장하는 모든 생산물에도 딱 맞아떨어지는 얘기가 될 수 있을 것이다. "이 세기말의 누드는 후일 병리학적인 누드라고 불리게 될지도 모른다. 왜냐하면 이 세기말의 누드는 살덩이의 모든 무질서와 미의 낙태를 선명하고 강렬한 빛 아래서 낱낱이 까발려놓기 때문이다 …. 곡예처럼 절묘하고 외과적이며 가학적인 자세를 취하고 있는 인간은 고통스러움에 얼굴을 찡그린 채 내팽개쳐진 것처럼 보인다." 이에 비해 오귀스트 벨록(Auguste Belloc)의 「입체경을 위한 외설적 사진들(Photographies obscènes pour stéréoscope)」은 확실히 더 상냥한 편이다. 얼굴을 가린 젊은 여인이 자신의 질 속에 숨은 검은색 보석을 드러내보이려고 수가 놓인 흰색 속치마를 살짝 들어올린다. V 자로 벌어진 두 다리를 통해 등장한 질은 이미 '분홍빛과 검정빛이 조화를 이루는 보석'이랄 수 있는 빽빽한 검은 숲에 이끌려온 시선을 강하게 사로잡는다. 태초의 어둠에서 뚝 떨어져나온 듯한 고양이 같은 여인의 분홍빛 감도는 검은 숲에서 쿠르베의 「세상의 기원」과의 공모 관계를 보지 않기란 실로 어려운 일이다.

벨록의 작품에 대한 기사는 보들레르(Baudelaire)의 비평문을 인용하고 있는데, 에로티즘을 위해서는 그것을 글자 그대로 받아들이는 것이 좋을 듯하다. '보석'의 시인 보들레르는 이렇게 쓰고 있다. "수천의 탐욕스런 시선이 무한을 향하는 지붕의 영창을 들여다보는 것처럼 입체경의 작은 구멍을 향하고 있다. 인간의 마음속에서 음란함에 대한 사랑은 자기애와 마찬가지로 강한 법이다. 음란함에 대한 인간의 사랑이 자기 만족할 수 있는 이처럼 좋은 기회를 그냥 놓칠 수는 없었다." 그렇게 따지자면 질의 입구인 음순은 무한을 향한 성스러운 예식을 담당하는 창이요, 인간이 음란함을 사랑하는 것은 살아 있음을 증명하는 자연스러운 것이 된다. '자연의' 삶'을 '알레그로 비바체(allegro vivace)'의 리듬으로 살아가는 외설성은 그러니까 인간의 본질 — 다시 말해, 해블록 엘리스의 말처럼 '인간 정신의 심오한 욕구' — 이다. 외설적인 인간, 서구어로 '무대 앞'이자 '무대로의 회귀'를 뜻하는 'ob-scène'한 인간을 단순화시켜보자면, 스스로를 상대로 무대 앞에 서서 세상이라는 무대를 바탕으로 자신을 반성하는 인간이라고 할 수 있다. 여기에 바로 그 유명한 세상의 기원이 있는 것이 아닐까?

■ 클레랑보, 비단과 장식 주름의 에로티즘

시인과 의사들이 피부를 가장 심오한 몸의 기관으로 표현한다면, 물체 표면의 얇은 막 또한 현실의 심오함에 대한 질문의 도구가 된다. 클레랑보(Gaëtan Gatian Clérambault)는 정신의학 분야의 저작들이나 사진 작품을 — 심지어 자신의 죽음까지 — 통해 이를 우회적으로 증언한다. 프랑스 파리의 오텔 디유(Hôtel-Dieu)병원에 소속된 후방 부대 의무대 수석 의사였던 클레랑보는 1915년과 1917~1920년에 걸친 두 번의 모로코 체류 기간 동안 전통 의상 하이크를 두른 본토 여인들의 사진을 수백 장 — 어쩌면 수천 장? —

찍었다. 그는 또한 『연애 망상(*L'érotomanie*)』과 『정신의 자동 현상(*L'automatisme mental*)』 같은 저서를 남길 정도로 정욕과 색정에 관련된 정신 착란 분야의 뛰어난 전문가였다. 게다가 옷감, 그러니까 천에 대한 열정 역시 대단해서 그는 보자르(Ecole de Beaux-Arts)에서 장식 주름에 관한 강의를 하고, 『여성에게서 나타나는 천에 대한 에로틱한 정열(*Passion érotique des étoffes chez la femme*)』(1908~1910)이라는 책을 출판하기도 했는데, 이 책은 그의 말대로 "어떤 종류의 천, 특히 비단에 대해 병적일 정도로 주로 성적인 매력을 느끼는 세 여인에 대한 관찰 기록"이다. 위 책에 인용된 세 명 중 한 여인의 말이다. "비단이 구겨지면서 내는 소리는 당신을 흥분시키죠. 당신은 곧 온몸이 젖어오는 걸 느낄 거예요. 저한테는 어떤 성적 쾌락도 이보다 나을 수는 없어요." 또 다른 여인은, "비단은 제게 놀랍도록 관능적인 오르가슴을 줘요"라고 말한다. 이쯤 되면 촉각 에로티즘의 승리라 할 만하다. 클레랑보는 이를 통해 "무엇이든 피부 같은 표면을 지닌 천과의 접촉만으로도 오르가슴을 일으키기에 충분하다"고 결론짓는다. 그가 찍은 사진은 넉넉한 흰색 천을 온몸에 두르고 얼굴까지 베일로 감싼 채 간신히 눈만 드러낸 모로코 여인들로 넘쳐난다. 팔의 굴곡으로 인해 약간씩 차이가 나는 이 사진들 속의 여인들은 근엄하면서도 유령 같은 느낌을 자아낸다. 헝겊 인형과도 같은 이들을 보고 있노라면 벨메르의 인형과 크리스토의 헝겊 장막이 떠오르는 것이 사실이다. 드러났지만 숨겨진 시선의 어둡고 작은 창은 일종의 '심오함'을 암시한다. 하지만 거기에는 표면과 포장밖에는 없다. 어쩌면 이 '심오함'은 회피와 무로 자신을 드러내는 만큼 무한함과 신비로움을 향해 열려 있는지도 모르는 일이다. 사진의 두려운 친밀함이 그런 것처럼. 몸의 표면인 피부와 결합하면서 에로틱하게 펼쳐지는 표면인 옷감은 독자적인 발전 단계를 지닌다. 접히고 펼쳐지고 마찰을 일으키고 매듭으로 묶이고 다시 풀리고 미끄러지고 흘러내리고 마침내 소실되는 선들은 하나의 의문의 여정을 따라가고 있는 듯하다. 이 여정은 아마도 죽음을 감싸는 천인 수의에 이르러서야 끝을 보게 되리라. 연애 망상과 연애 히스테리 분야의 전문가이자 장식 주름 기술을 인류학적으로 연구한 미학자이기도 한 클레랑보는 살아 생전 자신의 묘석에 아랍어로 이런 말을 새겨넣게 했다. "우리 모두 죽음이 엄습해옴을 기억합시다."

사진은 엄습해 들어오는 죽음과 그에 대한 기억을 끊임없이 반향하려고 노력해왔다. 거울에 비친 자신의 모습을 관조하면서 입에 총을 쏴 자살한 클레랑보의 경우가 극명히 보여주는 죽음과의 관계에 맞서, 좀더 현실에 충실한 사진은 에로스의 원천을 총동원하려고 애쓴다. 기계적 자동주의와 사진기의 자동 반사를 넘어서고, 잘못하면 포르노가 될 수도 있는 죽음의 쇼크를 넘어서서, 사진은 단 한 방의 셔터 소리, 단 한 번의 권력 행사를 통해 육체와 행위를 포함한 사물들로부터 그들의 투명하면서도 불투명한 현실 너머에 존재하는 현실 이상의 어떤 것, 뭐라 정의할 수 없는 초현실을 끌어내고자 한다. 거기에서 어떤 형태의 아우라를 찾으려고 애쓰면서 말이다. 이러한 아우라를 위해 사진은 포르노의 왕도(王道)처럼 보이는 길을 북돋운다. 그것은 바로 강자들, 다시 말해 버라이어티 쇼의 왕이나 축구의 황제 혹은 미의 여왕 등을 포함하여 모든 분야에서 '왕족'으로 지칭되는 사람들이나 수장들, 리더들, 거장들, 유명 인사들 — 수백만 아니 수천만 부씩 찍혀나온 초상화들로 거의 광란적으로 모든 공간을 장악한 채, 사람들에게 보이고 인정받고 숭배받고 사랑받고 우상화의 존재가 되길 바라는 모든 남녀들 — 의 개선로요 남근적인 승리(triomphallique)의 길이다. 이는 또한 히틀러나 무솔리니, 호메이니, 마오쩌뚱을 비롯해 수많은 다른 빅 브라더들이 발작적인 광증을 통해 구현하고 증명했던 바와 같이, 상상으로든 현실적으로든 모든 사회 생활을 포괄하는 전

세계적이고 열광적인 정치 사회적 우상 숭배의 길이다. 하지만 도처에 존재하면서 전능한 힘을 뽐냈던 이 독재자들은 오늘날 대개 폭발하거나 내파해버리고 없다. 별 볼일 없는 지위로 떨어진 이 빅 브라더들은 이제 유혹과 외양(look)으로 힘을 겨루고, 그 존재 자체가 이미지의 영역에서 행사하는 미디어의 막대한 권력에 따라 좌우되는 정치, 예술, 문화, 종교, 이데올로기, 스포츠, 경제 분야의 세속화된 새로운 아이콘들의 무리에 자리를 내주었다.

■ 사진술의 방아쇠

바로 이 룩, 도시를 오염시키는 수많은 무리의 얼굴들의 반영이 고집스럽게도 뒤샹이 철자를 따서 장난스럽게 붙인 외설스러운 작품 「L.H.O.O.Q」에 참여한다. 뒤샹이 「모나리자」의 복사판 위에 단 한 번의 붓질로 측정한 '엉덩이가 뜨거운 것'은 이제 방대한 사진의 생산물 속에서 모습을 드러낸다. 이것을 보고 사람들이 '외설'이나 '포르노' 혹은 '에로틱'이라는 말로 비난한다 해도, 조리개에 눈을 고정시키고 있는 검열은 더 이상 그에 관해 어떠한 영향력도 행사할 수 없다. 비록 때맞추어 신랄한 공격이 사진술의 방아쇠를 당기는 이들에게 여전히 윤리의 심판자들이 감시하고 있음을 환기시켜준다고 해도 말이다. 실제로 사진이라는 에로틱한 예술은 누드를 노래하게 했던 거장들의 전통 속에서 계속해서 존재해왔다. 한 예로, 사진으로 말하는 격조 높은 사상가이자 '레이오그람(rayogramme)'을 발명한 창조자이기도 한 만 레이(Man Ray)는 「후면 누드 (반전)(Nu de dos solarisé)」(1920~1934)에서처럼 빛을 이상화하거나 「키키, 앵그르의 바이올린(Kiki, violon d'Ingres)」(1924)의 경우처럼 앵그르의 여인을 떠오르게 하는 나체의 등에 음부 기호를 그려넣어 음악적인 느낌을 줌으로써 누드를 예찬한다. 하지만 사진 속의 핀업걸들은 육체를 넘어선다. 사진가들과 모델들은 얼마든지 왜곡 가능한 가슴과 엉덩이라는 두 개의 돌출 부위를 중심으로 새로운 이미지를 만들어내기 위해 끊임없이 그들의 스타일을 만들어간다. 에릭 크롤(Eric Kroll)에 의해 "이 세상에서 가장 위대한 핀업걸 사진작가"라는 예찬을 들으면서 절정기에 오른 사진작가 버니 이거(Bunny Yeager)가 주저 없이 '이 세상에서 가장 글래머인 핀업걸'이라 부르는 베티 페이지(Betty Page)는 단단한 가슴과 살진 엉덩이를 무기로 자유롭게 베일을 두르거나 세련된 속옷, 검정 스타킹 혹은 비키니 차림으로 나타난다. 이 경우 벗긴 했지만 성기 노출은 피했다는 점에서 도덕적 엄격주의의 체면은 살린 셈이다. 사실 전라의

포즈는 자꾸 보면 질리게 될 뿐 아니라 무미건조하거나 차
갑다는 느낌을 줄 수 있기 때문에, 이쪽 방면에서 일하는
사람들은 카메라의 앵글과 모델의 몸에 걸치는 보철물에
무한대로 변화를 주는 것을 선호한다. 세계적으로 유명한
헬무트 뉴턴(Helmut Newton)의 사진 속에 등장하는 길쭉
길쭉한 누드들은 역동적인 동시에 정제시키는 공간 속에
서 자신들의 성적 매력을 녹여넣는다. 이 공간에서 성기는
여인들의 성적 매력을 독점하지 않고 오히려 당당한 여성
성의 빛을 발하게 한다. 작가가 작품의 제목에서 「그녀들이
오고 있다(Elles arrivent)」(1981)라고 외친 것은 아마도 이
런 의미에서였을 것이다. 한편, 독일의 사진가 레나테 제운
(Renate Zeun)은 「발병, 내가 걸린 암의 이미지들(Atteintes,
Images de mon cancer)」(1986)과 「아넬리스 세인트 부인,
베를린, 암병동(Madame Anneliesse St. — Clinique pour
une cancérologie, Berlin)」(1987)라는 제목이 붙은 자신의
화보집에서 외과 수술로 절단된 신체의 이미지들을 싣고
있는데, 그 가운데 수술로 한쪽 가슴을 절단하고 한쪽 가
슴만 남은 여인의 사진의 경우, 가느다란 수술 상처의 날
카로운 흔적만이 절단되어 평평해진 가슴에 새겨져 있다.
이야말로 신랄하게 육화된 에로스와 타나토스의 관계가
아니겠는가. 필립 할스만(Philippe Halsman)은 「달리의 해

골 누드(Nu du Crâne de Dali)」라는 기상천외한 작품에서 'Eros'가 'os'[11]와 각운이 맞을 수 있음을 초현실적인 방법으로 증명해보인다. 이 사진 속에서 화가 달리는 마치 저 세상에서 출현한 것처럼 보이는 해골 모양으로 자리를 잡고 서 있는 일곱 명의 벗은 여자들을 마주한 채 정장 차림으로 서 있다. 그는 무섭지만 용감한 듯 조소 어린 표정을 짓고 있다. '레그아트(leg art)[12]의 창시자 엘머 배터스(Elmer Batters)는 절편음란증의 대상으로 격상된 발을 전경에서 클로즈업하면서 몸 전체를 포착하며, 발가락을 흥겨운 펠라치오의 대상으로 내놓는다. "미국의 '언더그라운드' 잡지 가운데 가장 유명한" 패드 매거진(Fad Magazine)을 운영하는 도리스 클로스터(Doris Kloster)는 누드 사진을 실을 때 코르셋이나 끈 없는 브래지어, 완장 혹은 가죽으로 만든 다리 보호대로 꼭 죄어진 나신만 취급한다. 이와 더불어 저급하고 유아적인 취향의 가학적-피학적 행위를 위한 젖꼭지나 채찍을 동반한 끈이나 밧줄 혹은 쇠사슬 등이 빈번히 등장하는 것은 물론이다. 에릭 크롤은 자신의 누드 모델에게 엄지손가락을 빨게 함으로써 어린애처럼 보이게 하거나, 꼭 끼는 은박 입힌 속옷을 입힘으로써 여성적인 모습을 강조하고, 때로는 가죽이나 하이힐을 이용

---

11) 프랑스어로 뼈를 의미한다.
12) 섹스어필한 요소를 지니고 있는 사진으로 치즈 케이크라고도 불린다.

해 남성미를 풍기게 하는 동시에 때로는 속옷을 괴이하게 걸친 자신의 성기 앞에서 숙고하는 듯 생각에 잠긴 모습의 누드를 카메라에 담아 불멸화하기도 한다. 여장한 자신의 모습을 카메라에 담거나(「여장한 자화상(Autoportrait en femme)」(1980)), 동성애적 취향에서 벗은 남자들의 몸을 주로 찍은 매플소프(Robert Mapplethorpe)의 사진들은 지속적인 스캔들에 시달렸으며 전시 금지 대상이 되었다. 한편, 내면 성찰을 신봉하는 나타샤 메리트(Natacha Meritt)는 집요하고도 절묘한 솜씨로 자기 자신의 몸을 탐색하는 데 열중했다. 그녀는 디지털 카메라를 이용해 자신의 배뇨 기관과 생식기에 시선을 고정시킨다. 이렇게 해서 메리트는 대담하면서도 때로 색채의 아름다움 덕택에 질과 클리토리스, 가슴, 팔, 다리, 머리 등에 대한 놀라운 클로즈업을 잡아낼 수 있었다. 물론 이처럼 에로스에게 친숙한 클로즈업은 가끔 노출 성향의 토테미즘에 자리를 양보하기도 한다. 메리트가 노끈이나 가죽 팔찌를 이용해 성기를 동여매고 두려움을 모르는 듯 한껏 발기된 음경을 세우거나, 탐욕스럽게 부풀어 오른 음순 사이로 남자 친구의 영광스러운 귀두를 붙잡고 있을 때면 말이다.

성기 — 페니스와 질 — 와 성행위 — 성교, 항문 성교, 오랄 섹스, 가학적-피학적 행위, 자위 행위 — 에 부여된 독점적 지위로 보자면, 사진은 대개 텍스트의 삽화로 그려졌던 에로틱한 그림이나 부조의 전통을 계승한다고 볼 수 있다. 그러나 사진은 다른 어떤 매체와도 달리 에로티즘의 대중화를 위한 예외적인 능력을 보유하고 있다. 아주 전문적인 특수 촬영을 제외하면 사진은 전혀 복잡하지 않고 저가에다, 손쉽고 빠르게 사용할 수 있는 최소한의 장비만 있으면 가능하며, 폴라로이드나 디지털 카메라처럼 즉각적인 결과를 얻을 수도 있다. 사진은 단연코 대중 예술로서의 입지를 굳히고 있다. 물론 여전히 어떤 이들은 사진에서 기계가 차지하는 비중을 핑계로 사진 예술을 '저급한' 것으로 평가하기도 하지만 말이다. 저급이든 아니든 사진은 대중에게 말을 걸고 대중을 계도하고자 하는 언론과 광고 등의 커뮤니케이션 분야에서 지배자로 군림하고 있다. 수백만 아니 수천만 부로 복사된 똑같은 이미지가 대륙을 건너고 도시를 포위하여 가정에 침투한 후 개인의 망막을 뒤덮는다. 사진이야말로 울퉁불퉁한 부분을 갈아 내고 혼란과 문제를 억제하면서 한층 부드러워진 상상력들을 담은, 그러면서도 자신을 품은 심오한 흐름의 메아리를 맥 빠지게 반향하면서 매끄럽게 굴러갈 모든 채비를 갖추었다. 이것이 바로 한쪽의 대중적이고 피상적이며 선정적인 유통 과정 — 사진 속에서 웃고 있는 얼굴을 통한 —

과 다른 한쪽의 지배와 결정 구조의 은폐 사이에 존재하는 기만적인 관계로, 사진이 열렬하고 효과적인 행위자로 가담하고 있는 피플, 즉 대중의 통속화 과정을 지칭하는 '정치적 포르노(pornographie politique)'라는 표현을 정당화시켜줄 수 있는 것이다. 한편, 끊임없이 쇄도해 들어오는 이미지들의 홍수 뒤에 몸을 숨긴 채, 개인들은 각자 자기 집에서 조용히 나르시스의 거울을 바라보며 자기만의 작은 사진 세계를 만들어간다. 이 세계에서는 내적인 감성 — 사생활, 주관성 — 이 능란한 카마수트라의 도움의 손길을 쉽게 받아들인다.

■X 등급 영화와 포르노 배우들

전시회를 통한 특권이나 시장 가격의 형성 등에 따라 연동하는 예술적 가치가 큰 작가들의 작업에도 불구하고, 사진은 엄격한 의미에서 시각의 좁음 혹은 빈약함(작은 판형, 성기나 성행위에 집중된 프레임 등)으로 인해 전체적이고 열린 비전으로 인식되는 에로티즘보다는 포르노 쪽으로 더 기울어진 것처럼 보인다. 하지만 '움직이는 그림'인 영화의 탄생과 함께 정적인 영상이 움직임, 즉 모션으로 대체되면서, 현실에 대한 충실성을 강화하고 '현실 효과'를 유지하면서도 영상을 영상 너머로 밀고 나가 상상적인 것, 초현실적인 것, 환상적인 것을 포착하게 하는 역동성이 중요한 문제로 대두되게 된다. 여기에서 영화 산업의 두 가지 방향—사실주의적인 것과 환상적인 것—을 구분할 수 있다. 이를 에로티즘의 효과로서만 간주해보면 역시 두 가지 구분이 가능하다. 한쪽에 일종의 진실주의 혹은 포르노로 흘러갈 가능성이 농후한 기관적 실증주의의 매개체로서 제시된 성적 자료들에 대한 밋밋한 복종이 있다면, 다른 한쪽에는 현실을 깊이 파고들면서도 뛰어넘어 현실에서 더욱 심오한 악센트를 얻어내려는 노력, 다시 말해 초현실주의의 매개체인 에로티즘의 임무가 될 수 있는 것이 있다. 현실과 인식의 구조 자체로 인해 가변적이긴 하지만 이러한 구분이 공식화되어 있지 않은 것은 아니다. OCFC(Office catholique français du cinéma : 프랑스 가톨릭 영화심의국)와 CSA(Conseil supérieur de l'audiovisuel : 시청각최고위원회)의 임무는 무엇보다 스크린에서 누드와 성애 장면이 표현되는 방식을 감시하고 규제하는 데 있으며, 각 지역 당국들 역시도 혹시 '공공 질서를 해치는 행위'가 있을지 모른다는 이유로 영화 상영을 금지할 수 있는 권한을 지니고 있다. 이런 이유에서 'X 등급' 혹은 '포르노'라는 딱지를 붙인 특정 장르 영화의 상영 필요성이 대두된다.

이들 영화는 보란 듯이 성을 주된 내용으로 하고 상영관, 시간, 관객층 등 영화 상영에 대한 제약을 받는 것을 특징으로 한다. 공연 가이드나 프로그램을 보면, '포르노' 영화들은 '에로 영화' 항목에 나열되어 있는 게 보통이다. 하지만 영화 제목이나 익명을 사용한 배우의 이름만으로 이미 명확하게 영화의 색깔을 알 수 있다(「방탕한 부르주아 여인의 항문 교육(L'éducation annale d'une bourgeoise vicieuse)」 (1985), 악스 튀르베 제작, 안젤라 하드러브, 마르틴 비시어스, 크리스티앙 에렉토 출연, 18세 가). 그런데 손님을 끌기 위한 포르노 영화는 늘 같은 영상, 그러니까 물리도록 등장하는 알몸들, 영화의 주조를 이루는 성기와 성교-항문 성교-오랄 섹스-프렌치 키스-자위로 이어지는 틀 속에서 쾌락의 절정에서 헐떡이는 남녀의 목소리와 함께 논스톱으로 연기되는 성행위들로 집중되기 마련이다. (이와 관련해서 에로티즘에서 연유한 형태론적 가정이기는 하지만, 어쩌면 철학자들이 아직까지도 골머리를 앓고 있는 난제인 언어의 기원이 혹시 성적인 욕구와 쾌감을 소리로 표현한 데서 유래한 것은 아닐까?) 포르노 전문 감독들은 일반적으로 개인적인 작업장에서 때로는 비밀리에 얼마 안 되는 예산으로 포르노 전문 배우들 — 뇌쇄적인 포즈로 남성을 유혹하는 여배우들(excitactrices)과 엄청난 발기력을 지닌 남성

배우들(hardeurs, hookers)을 촬영한다. 관객들에게 성적인 흥분을 불러일으키는 것을 주목적으로 하는 이런 종류의 영화들은 관객이 만지고 싶어하는 성기들을 오래 보여주고, 약간의 변형이나 별 볼일 없는 줄거리로는 도저히 표현하기 어려운 모호한 서스펜스를 통해 살짝 바뀐 듯 거의 그대로인 시퀀스들을 반복해서 보여준다. 포르노 영화는 악마적인 모습의 출입문 뒤에 숨어 있는 섹스 숍이나 핍쇼 공연장 같은 데서 상영하는 것 말고도 특별히 사적인 용도에 적합한 듯 보인다. 비디오 대여나 인터넷 다운로드는 일반 성교와 동성애, 스와핑, 자위, 가학-피학적 음란증, 페도필리 등의 변태 행위로 가득 찬 포르노의 활동 반경을 넓히는 데 기여한다. 그러나 「변태의 쾌락(L'Extase de la perversion)」이라는 작품에 대상을 수여하며 1975년 8월에 당당히 개최되었던 한 포르노 영화제는 고작 한 해를 넘기지 못하고 폐지되었다.

소위 '포르노'라는 주변 장르의 형성은 스크린에서의 성의 표현을 제한하고 금지하기 위해 오랜 기간 동안 취해졌던 조치들이 도달한 종착점이다. 영화와 성은 애초부터 애증의 대립 관계를 맺어왔다. 영화가 태어난 지 간신히 1년이 되었던 1896년, 미국 영화는 「키스(The Kiss)」라는 제목의 단편 영화에서 영화사상 첫 번째 키스를 클로즈업으로 관객에게 보여줬다. 이는 당연히 최고의 스캔들을 일으켰다. 시카고의 한 신문은 이를 두고, "그런 장면은 야만적이며 전적으로 혐오스러운 것"이라고 썼다. 그 후로 요부 역을 맡은 스타와 주연 배우들의 얼굴과 몸에서 뿜어나오는 관능성에 기댄 영화는 어떤 누구도 저항할 수 없는 상승세를 이어가게 되었고, 검열은 끊임없이 그의 꽁무니를 따라붙게 되었다. 상영 금지 조치는 날로 증가했고, 이에 1920년대에 이르면 수입에 타격을 입은 영화 제작자들이 헤이스 코드(Hays Code)라 불리는 영화 윤리 강령을 만들어내기로 합의하기에 이른다. 이 윤리 강령은 스크린에서 보여줘서는 안 되는 모든 사항을 열거하고 있는데, 여기에는 간통, 유혹, 강간, 성적 변태 행위, 어린이의 성기, 서로 다른 인종 간의 성행위, 출산, 전라의 배우, 배꼽, 신성 모독 등이 포함되어 있다. 강도 높은 에로티즘을 알레고리와 자연주의적 은유를 통해 서정적으로 묘사한 체코 감독 구스타프 마차티(Gustav Machaty)의 컬트 영화 「엑스타즈(Extase)」(1933)에서 아름다운 여배우 헤디 라마르(Hedy Lamar)가 나체로 자연 속에 서 있는 장면이 삭제되었다. 이에 여배우의 남편은 시중에서 구할 수 있는 모든 사본을 사기 위해 재산을 탕진하지만 결국 목적을 이루는 데는 실패했다. 정치적 목적(독일과 구소련)이나 종교적 목적(스페

인과 이탈리아)으로 인한 금지 조치로 가중된 영화 검열은
표현 수위에 대해 약간의 차이는 있지만 모든 국가에서 만
연했다. 특히 제2차 세계대전은 영화 검열에서 치명적이었
다. 이후 1970년대에 들어와서야 몇몇 특별한 경우를 제외
하고 작가와 감독, 제작자들이 인간과 세계에 대한 문제의
소지가 될 수 있는 에로틱한 비전을 표현하는 데 오직 자
신들의 감수성과 자기 검열 그리고 재정 조건만이 영향을
줄 수 있게 되었다.

■ 영화 : 에로티즘의 플래시

포르노 영화가 사회에서 격리된 게토 신세라면, 영화야
말로 에로티즘에게는 더할 나위 없는 선택의 땅으로 남아
있다. 에로티즘은 특히 색채의 회화적 가치나 강력한 음악
적 증폭으로 더욱 풍부해진 모든 종류의 텍스트에서 체계
적으로 차용해온 덕분에 영화에 보편적이면서도 끝없이
쇄신되는 빛을 제공할 수 있었다. 이와 관련해 독창적인
에로티즘의 여정을 살펴본다면 아마도 수백 편의 영화가
인용 가능할 것이다. 그 중 대표적인 작품을 예로 들어보
자. 먼저 D. H. 로렌스(D. H. Lawrence)의 기념비적 작품
을 각색한 마크 알레그레(Marc Alléggret)의 「채터리 부인

의 연인(L'Amant de Lady Chattery)」, 각각 테네시 윌리엄
스의 작품을 각색한 리차드 브룩스(Richard Brooks)의 「불
타는 지붕 위의 고양이(La Chatte sur un toit brûlant)」와
카잔의 「베이비 달(Baby Doll)」, 동일한 주제로 씌어진 18
세기 문학에 대한 오마주인 테렌스 영(Terence Young)의
「몰 플랜더스의 연애 모험(Les Aventures amoureuses de
Moll Flanders)」, 가학적이고 구순적인 리비도의 절정인 남
성적 흡혈귀를 다룬 무르나우(Murnau) 감독의 「흡혈귀 노
스페라투(Nosferatu le vampire)」, 브램 스토커(Bram Stoker)
의 소설을 원작으로 사랑 때문에 가슴이 터지게 하는 강렬
한 시선을 지닌 토드 브라우닝(Tod Browning)의 비할 데
없는 「드라큘라(Dracula)」, 카잔차키(Kazantzaki)의 원작
을 바탕으로 극단주의자들의 분노를 야기했던 마틴 스콜
세즈(Martin Scorsese) 감독의 「그리스도의 최후의 유혹
(La Dernière Tentation du Christ)」, 여성의 성과 자기 성애
의 문제를 주의 깊고 섬세하게 탐구한 잉그마르 베르히만
(Ingmar Bergman) 감독의 「침묵(Le Silence)」, 부드러운 나
체의 엘리자벳 테일러(Elisabeth Taylor)에게 채찍으로 맞는
말론 브란도의 연기가 빛나는, 장교의 동성애에 대한 강렬
하고 세심한 분석으로 유명한 존 휴스턴(John Huston) 감독
의 「리플렉션 인 어 골든 아이(Reflexion in a golden eye)」,

옥타브 미르보(Octave Mirbeau) 원작에 감독 특유의 발에 대한 절편음란증이 돋보이는 루이스 브뉘엘(Luis Buñuel) 감독의 「어느 하녀의 일기(Le journal d'une femme de chambre)」, 동명의 오페라에서 영감을 얻어 성의 치환을 보여준 크로넨버그 감독의 「미스터 버터플라이(M. Butterfly)」, 아폴리네르를 본뜬 리프만(Maureen Lipman) 감독의 「만천 개의 음경」, 서커스 무대를 에로스의 회로로 만든 막스 오퓔스(Max Ophüls) 감독의 「롤라 몬테스(Lola Montès)」, 성적인 크레센도가 마침내 피가 흥건한 성기 제거로 장식되는 오시마(Oshima) 감독의 「감각의 제국(L'empire des sens)」, 리비도의 침울한 사중주 — 구강, 항문, 남근 그리고 세 개의 혼합 — 가 소진될 때까지 연주되는 프로이트와 라블레의 합작 오페라처럼 보이는 마르코 페레리(Marco Ferreri)의 「잔치상(La grande bouffe)」, 한밤의 베니스에서 울려퍼지는 브뤼크너의 음악이 돋보이는 루키노 비스콘티(Luchino Visconti)의 「센소(Senso)」, 심리학자 빌헬름 라이히에 대한 심리학적이고 정치적인 오마주 성격을 띤, 스탈린의 성과학이라 볼 수 있는 마카베예프(Dusan Makavejev)의 「유기체의 신비(Les Mystères de l'organisme)」, 이탈리아의 포르노 스타이자 국회의원인 부인 치치올리나와 함께 한 성행위들의 혼합물인 제프 쿤스(Jeff Koons)의 「메이드 인

헤븐(Made in heaven)」, 선 채로 섹스하는 남자의 이미지로
유명한 폴 버호벤(Paul Verhoeven)의 「원초적 본능(Basic
Instinct)」(이와 관련해서 하나의 가정을 해보자면, 혹시 인간
이란 동물은 서서 하는 섹스를 발견하고, 너무도 꾸준히 이
행위를 반복해왔기 때문에 호모 에렉투스(Homo erectus)로
진보한 것은 아닐까?). 한편, 정신분석학에 심취한 「길(La
Strada)」의 거장은 「펠리니 사티리콘(Fellini Satyricon)」(1969)
에서 로마 작가 페트로니우스의 『사티리콘(Satiricon)』을
들고 있으며, 파졸리니(Pasolini)는 「살로 소돔 120일(Salo)」
(1978)에서 짧았던 파시스트들의 공화국이 퇴각하고 난 작
은 도시에 대해 격렬한 공격을 감행한 후 사드의 『소돔 12
일』을 이야기한다. 지금까지 열거한 거의 대부분의 작품들
에서 누드와 섹스가 바로크적이고 퇴폐적인 정현 곡선으
로 풍부하게 남아 있긴 하지만, 이 작품들은 모두 강렬한
욕망의 비장함 속에 더욱 깊이 뿌리를 내리려고 애를 쓰면
서, 동시에 영화를 보는 관객들에게 쾌락 외에 불편함, 의
문, 걱정스러움을 함께 불러일으키는 것을 목적으로 하는
'글쓰기'를 통해 무의식과 사회, 육체와 영혼, 악과 성스러
움을 혼합하면서 미학적으로 뿐 아니라 이데올로기적으로
야심만만한 구성 방식을 취하는 위험을 무릅쓰고 있다.

■ 「블로우 업」, 「데드 링거」, 「관음증 환자」: 도구로서의 에로스

미켈란젤로 안토니오니(Michelangelo Antonioni) 감독은 영화 「블로우 업(Blow up)」(1964)에서 카메라, 그러니까 사진기가 어떻게 에로스의 특권적 도구로서 작동하는지를 보여준다. 자신감에 넘치는 사진작가이자 영화 주인공인 토마스는 어떤 의미에서 이미지라는 현대 신화의 영웅이라 할 수 있다. 그는 자신의 모든 요구를 들어주는 수많은 여성 모델들을 지배한다. 그의 눈과 손가락에는 그것만 있으면 신비롭고 환상적인 패션 사진들이 만들어지는 만나(mana)와 같은 일종의 정기가 배어 있는 듯하다. 모델 베루슈카와 함께 촬영된 시퀀스는 그 어떤 장면보다 카메라가 지니는 에로틱한 힘을 증명해준다. 처음에 서로 거리를 두고 멀찌감치 서 있던 두 사람은 서로 가까워진다. 이어 토마스는 모델 가까운 곳에 앉거나 선 자세로 모델에게 가장 선정적인 동작을 요구한다. 마침내 여인은 바닥에 드러눕고, 토마스는 천천히 여인을 향해 내려가다가 그녀의 몸 위에 걸터앉는다. 육체가 빚어내는 동작과 리듬, 움직임과 더불어 토마스의 명령과 외침("그래, 그래, 좋아")은 오르가슴을 환기시키는 것 이상으로 진정한 성교를 형상화한다. 카메라가 능동적이고 전능한 도구가 되는 성교 말이다.

즉, 도구로서의 에로스다. 기계적 도구와 조작이 행하는 성적인 잠재력 혹은 성적 기능은 크로넨버그의 영화「데드 링거」에서도 훌륭한 예를 제공한다. 둘 다 산부인과 의사인 쌍둥이 형제는 함께 일하면서, 두 사람을 구분하지 못하는 여인들을 포함하여 모든 것을 함께 나눈다. 형제중 하나는 사교계의 생활이나 자신의 커리어에 대해 더 많이 염려하는 한편, 다른 하나는 젊은 여인의 자궁을 치료하다가 이 여인의 뱃속에 있는 것이 무엇인지 보고 싶은 강박적인 욕구에 시달리게 된다. 자신의 강박 관념을 해결하기 위해 그는 산부인과적 모델에 따라 환상적이며, 비정상적인 ─ 불임이나 장기 훼손을 위한 ─ 기구들을 만들어 낸다. 불임의 문제를 해결하고, 환자에게 생명을 돌려주어야 할 소명을 지닌 의사의 직업적 행위가 이렇게 치사에 이를 수 있는 진료 조작으로 변질된 것이다. 영화의 마지막에 이르러 그동안 서로에게서 분리되려는 시도가 실패로 돌아갔음을 확인한 쌍둥이 형제는 다시 일체의 합일을 추구하는 관계로 퇴행하며, 마침내 피가 흘러나오게끔 배를 갈라 자신의 뱃속에 들어 있는 것을 확인한 후 마지막 죽음을 맞이한다. 그들이 결국 뱃속에서 발견한 것은 환상 혹은 무(無)일 뿐이었는데 말이다. 마이클 포웰(Micheal Powell)의 「관음증 환자(Le Voyeur)」에 등장하는 카메라

맨은 자신의 카메라와 한 몸을 이루면서, 그것을 자신에
의해 희생된 자들의 공포에 질린 얼굴을 촬영해 그 얼굴
너머에 무엇이 있는지를 밝혀내기 위한 의도로 사용한다.
이는 뾰족한 카메라 다리를 섹스 파트너들의 목구멍에 꽂
으라고 요구하면서 자신의 유아기적 공포를 쫓아내려는
축사(逐邪) 의식에 다름아니다.

■「히로시마 내 사랑」, "당신은 아무것도 못 봤어"

앞서 살펴본 「블로우 업」에서의 사진기, 「데드 링거」에
서의 변형된 삼열의 자궁, 「관음증 환자」의 카메라는 모두
영화가 사건들과 행위, 환상, 관계 등을 조합하고 압축하
면서 어떻게 예외적일 만큼 강도 높은 에로티즘에 도달할
수 있는지를 보여준다. 알랭 레네(Alain Resnais)의 「히로
시마 내 사랑」 역시 그에 대한 훌륭한 예를 제공한다. 1959
년에 베니스영화제에 출품된 이 작품은 한 저명한 심사위
원으로부터 쓰레기라는 욕설을 들으며 격렬한 비판을 불
러일으켰다. 영화는 히로시마에 온 프랑스 여배우가 일본
인 건축가와 나누는 사랑 — 여배우가 독일 점령 당시 독
일 병사와 사귀었다가 그 죄로 군중 앞에서 머리를 깎이
고 지하실에 감금돼 있었던 시절을 환기시켜주는 사랑 —

을 그리고 있다. 영화는 아주 느리고 육감적인 동작으로 서로를 애무하며 뒤엉켜 있는 남녀 이미지를 보여주는 것으로 시작한다. 연인들은 살의 신비와 특권을 진중하면서도 솜씨 좋게 풀어내는 빛을 받았다가 다시 어두워지는 살덩이를 구성하고 있을 뿐이다. 피부는 정사의 쾌락이 지치지도 않고 탐색해나가는 관능적이며 유동적인 풍경을 구성한다.

그리고는 갑자기 즉석에서 무더기로 사람들을 죽음으로 몰고 간 원자 폭탄의 시퀀스가 병원과 함께 박물관, 사진, 산 채로 타버린 살덩이들, 불바다 속에서 허우적거리는 수천 명의 사람들, 잿더미가 된 대지의 배 속에서 기어나오는 이름 모를 짐승들을 담은 끔찍한 영상들과 함께 모습을 드러낸다. 프랑스인 여배우가 눈을 크게 뜨고 관찰한 이 모든 광경은 일본인 건축가가 가차없이 내뱉는 반복적인 문장에 부딪혀 부서진다. "당신은 히로시마에서 아무것도 못 봤어." 그렇다면 반대로 일본인 건축가는 오직 자기 연인의 기억과 눈을 통해서 느베르를, 독일 점령기를, 처참하게 죽어간 독일 병사를, 여인의 머리를 깎던 증오에 찬 군중들을, 지하실에 감금됐던 끔찍했던 순간들을 보는 것이 과연 가능할 것인가? 레네는 그 자리에서 즉사한 20만 명의 사람들과 함께 하는 '히로시마'가 모든 것 위에 있는

'내 사랑' 혹은 정념과 맺고 있는 치명적인 관계를 연출한다. 이 짧은 만남의 끝에 이른 두 연인은 사랑의 힘으로 자신을 되찾고, 모든 면에서 대조적인 그들의 도시에 대해 기억과 역사와 욕망("당신이 좋아죽겠어요. 너무 행복해요.")을 가득 채운 후, 아주 단순한 문장으로 깊은 공포와 전 세계적인 규모에서 에로티즘이 만들어낼 수 있는 것을 명명한다. "히로시마, 그건 당신 이름이야." "그럼 당신은 느베르, 프랑스의 느베르지."

■「아이즈 와이드 샷」, fuck!

— 눈을 크게 뜨거나 '눈을 질끈 감거나' 간에 — 에로티즘은 모든 것을 눈으로 말하고, 모든 것에 시선을 가게 만든다. 이런 이유로 에로티즘은 영화와 잘 어울리며, 에로티즘에서 영화를 말하는 것은 너무나 자연스럽다. 스탠리 큐브릭(Stanley Kubrick)은 자신의 유작 「아이즈 와이드 샷(Eyes Wide Shut)」(1999)에서 뉴욕의 밤거리를 배회하는 젊은 의사 빌의 에로틱한 여정을 따라가고 있다. 순진한 표정으로 상대에게 모든 것을 맡기는 젊은 주인공 앞에서는 모든 문이 쉽게 열린다. 그는 집단 섹스를 벌이는 혼음 파티에 참가하고, 히스테리 환자의 공격적인 접근으로

간통을 저지르는 환상을 꿈꾸며, 죽은 여인에게 매력을 느끼고, 두 명의 매혹적인 모델로부터 동시에 유혹을 받는다. 한편, 그의 아내 앨리스는 집에서 자신만의 성적 판타지를 되씹고 있다. 신기하게도 이 영화에서는 절대로 직접적인 성행위로의 이전이 일어나지 않는다. 영화의 주인공은 늘 'fuck'할, 그러니까 '성교'를 하려는 순간 예기치 않은 이유로 방해를 받는다. 마치 큐브릭이 관음증 환자 — 자신의 전작 「닥터 스트레인지러브(Dr. Strangelove)」에서 이 세상의 집권자들을 광분케 하는 수소폭탄에 대한 맹목적인 열정을 호전적으로, 그러나 유머 있게 묘사했던 관음증 환자 — 처럼 눈을 크게 뜨고, 에로틱한 자신의 주인공을 영화의 맨 마지막, 그러니까 크리스마스 이브에 장난감 가게에서 열에 달뜬 아내 입에서 최후에 흘러나오는 'fuck' 이라는 말을 위해 붙잡아두고 있는 것처럼 말이다. 영화의 마지막 대사인 'fuck'은 주인공 빌의 악몽과 판타지를 찾기 위한 방랑을 끝내면서, 영화 속의 두 주인공뿐 아니라 관객들에게도 다른 삶 — 삶 자체 — 을 알리는 공지처럼 울려퍼진다. 피할 수 없는 에로티즘의 명령어인 'fuck'이 삶의 기술인 사랑의 기술 — 열정적이면서도 끝이 없는 사랑의 기술이라고 할 수 있는 삶의 기술 — 에서 가장 은밀하면서도 가장 보편적인 최후의 핵처럼 터져나온다.

3
말

에로 문학은 그 황홀함이나 추잡함에서 너무도 다양하
고 다성적이며 방대한 세계를 형성하고 있으므로, 우리의
연구가 지니는 제한된 범위에서는 에로티즘의 개념을 좀
더 풍부하게 하고 입체적으로 만들어줄 수 있는 몇몇 문제
작들을 소개하는 것 외에 다른 방법이 없을 듯하다. 에로
티즘은 우선 정념과 행동의 앙상블이다. 이에 관해서는 아
래에서 소개하는 두 개의 소네트가 확실히 말해줄 것이다.
에로티즘은 또한 성적 현실에 대한 끈질긴 탐구이자 욕망
의 움직임의 무제한적인 팽창의 앙상블이다. 각각 사드와
푸리에로 대변되는 두 개의 야심에 찬 시스템이 그것의 작
동 기제를 밝혀줄 것이다.

표현

■ 라베와 아레탱, 루위스와 뮈세

비평가 카린 베리오(Karine Berriot)가 그의 전기에서 '세상에서 가장 아름다운 정열의 시'를 쓴 시인으로 평가한 바있고,『광기와 사랑의 다툼(*Le Débat de Folie et d'Amour*)』이라는 제목으로 에로티즘과 관련된 논쟁의 핵심을 지적하고 있는 시적 산문의 저자이기도 한 루이즈 라베(Louise Labé : 1524~1566)가 남긴 스물네 개의 소네트 중 가장 유명한 작품은, 재즈 가수이자 정치적 성향을 띤 작사가인콜레트 마니(Colette Magny)가 독창적으로 해석해 부른노래를 통해 강렬한 떨림을 제공한다. 라베의 시와 마니의노랫말은 둘다 'baiser' 동사를 힘차게 울려 퍼뜨린다. 물론라베가 살았던 16세기에 이 단어는 단순한 '입맞춤'을 의미했지만, 오늘날 이 가사를 듣는 우리는 같은 단어에서더욱 진한 성적인 암시를 읽게 된다.

한 번 더 키스해줘요. 다시 한 번, 키스해줘요.
당신의 가장 감미로운 키스를 내게 줘요.
당신의 가장 사랑스런 키스를 내게 줘요.
당신께 숯불보다 더 뜨거운 키스를 네 번이나 해드릴 텐데.
당신, 지쳤다고 불평하나요, 당신의 아픔을 누그러뜨릴게요.
당신께 열 번의 부드러운 키스를 드리면서.

너무나 행복한 우리의 키스를 그렇게 섞으면서,
당신과 나, 우리 둘 다 맘껏 즐겨요.
각자 두 배로 살 수 있게 될 거예요.
각자 자신과 연인의 삶을 살게 되겠죠.
내 사랑, 어떤 광기를 생각하게 해줘요.
조심스럽게 산다는 건, 언제나 고통이죠.
만족스럽게 줄 수가 없으니까요.

　명쾌하면서도 압축적인 라베의 시구는 사랑의 정념에서 나타나는 역설을 찬미하고 있다. 사랑의 역설은 바로 사랑하는 이를 안음으로써 사랑의 주체가 완전한 자아에 도달할 수 있으며, 이는 상대가 커짐으로써 자신도 커지는 일종의 호가(呼價) 경쟁(하나, 넷, 열, 광기)을 통해 이루어진다. 라베와 거의 동시대를 살았던 아레탱(Pierre L'Arétin)의 『음란한 소네트(*Sonnets luxurieux*)』에서는 전적으로 유기적이고 다양한 체위로 표현되는 성교에만 한정된 완전히 다른 차원의 에로티즘을 만날 수 있다. 시집의 마지막 소네트에서 빛나는 영혼으로 쓴 시인의 말은 다음과 같다. "당신들이 읽은 소네트들은 엉덩이와 음경과 질을 가지고 씌어진 것이다."

　두 다리를 목에 걸친 채, 어쨌거나 엉덩이에다

당신은 성기를 꽂아 넣는군요. 내 몸을 전율로 떨게 하면서.
너무 격렬하게 밀어서 침대 틀에 걸쳐 있어요.
아, 지금 당신이 내게 얼마나 큰 쾌락을 주는지.
침대 위로 올라가요, 왜냐하면, 당신 때문에
머리를 아래로 처박고 저 아래서 죽을 것 같아요.
산고와 같다고요? 내가 지금 얼마나 고통스러운데….
아, 잔인한 사람, 대체 날 어쩌려는 거예요?
지금 무슨 짓을 하려는 거죠?

당신이 원하는 걸 해줄게.

이봐요, 혀를 좀 줘봐요.
조용히 봉사하는 것들도 요구할 권리가 있어요.
항문 말고 질도 약간의 쾌락은 누리길 원해요.
안 그러면, 질과 엉덩이 사이엔 평화란 없을 걸요.
이봐요, 내 사랑, 좀더 눌러봐요. 그게 빠지려고 하니까.
하, 난 아마 죽었을 거예요.
이런 행복 없이 더 오래 참아야 했다면.
내 사랑, 보물, 마음인 당신이 내게 주는 이 행복을.

　'열여섯 가지 체위에 관하여'란 부제가 달린 아레탱의 소네트
는 화가 라파엘로의 조수였던 줄리오 로마노(Julio Romano)의
데생을 바탕으로 라이몬디(Raimondi)가 새긴 열여섯 개의

에로틱한 판화에 딸린 일종의 설명서에 해당한다. 성기에 대한 시인의 집착(예를 들어 남성 성기를 뜻하는 'cazzo'와 여성 성기를 뜻하는 'potta'를 운으로 사용하고 있는 여섯 번째 소네트의 마지막 행은 'E saro cazzo. e voi sarete potta'[13]로 끝난다)은 화가에 대한 충실함을 넘어서서 일종의 포켓판 카마수트라, 다시 말해 섹스에 관한 소책자를 제작하려는 듯 보인다. 물론 여기서의 성행위는 'fast sex'임에 분명하지만, 영원히 지속되지 않는 사랑의 만남에서 사용될 수 있는 체위 변화에는 유익한 정보를 제공하는 것임에 틀림없다. 에로틱한 작품의 많은 부분이 바티칸 도서관에 소장되어 있는 이 '대단한 피에르 아레탱'의 소네트에 나타난 시와 판화의 결합에 버금가는 것으로, 영원히 젊은 『아프로디테(*Aphrodite*)』(1896)의 저자이자 에로틱한 사진(「여인의 엉덩이(Le cul de la femme)」, 「사춘기의 아카데미(Académies pubescentes)」)으로 유명한 피에르 루위스(Pierre Louÿs)의 『파롤(*Paroles*)』과 작자 미상의 열다섯 장의 사진과의 만남을 들 수 있겠다. 매우 짧은 열두 개의 텍스트에서, 작가는 각 행을 '그녀(Elle)'라는 주어로 시작하면서 다른 여인과의 동성애적 결합 도중에 제삼자인 남성이 성기를 삽입하는 혼음에서 '그녀'가 느끼는 욕망과 쾌락을 직설적으로 열거하고 있다. 그녀가 제공하는 것("그녀는 자신의 질을

---

13) '나는 완전한 음경이 되고, 당신은 완전한 질이 된다'는 의미임.

활게 한다", "그녀는 삽입을 위해 자신의 엉덩이를 내준다.")
과 요구하는 것("그녀는 음경을 빨기를 원한다.")을 적절히
즐긴 후, 마침내 "그녀가 오르가슴에 도달한다"는 피날레
가 헐떡임의 의성어와 함께 등장한다. "아! … 아! … 더 …
더 빨리 … 아! 쌀 것 같아! 아 … 좋아! 좋아! 아 … 아 …."
이와 유사하게 세 명의 남녀가 벌이는 혼음 섹스는 알프레
드 드 뮈세(Alfred de Musset)가 쓴 에로틱한 짧은 이야기
『가미아니 혹은 광란의 두 밤(*Gamiani ou Deux Nuits d'excès*)』
(1833)의 뼈대를 이룬다. 이것은 쾌락의 절정에 달한 두 명
의 여성 동성애자 사이에 한 남자가 갑작스레 끼여드는 이
야기로, "아! 아!", "그만! 그만!", "오!" 같은 감탄사들이 많
이 등장하긴 해도 어떠한 '속어'도 사용되지 않았으며, 짐
승성부터 독약에 이르기까지 매우 선정적인 에로티즘의
크레센도 역시 보기 드물게 우아한 뮈세의 알렉상드랭 시
구에 부딪혀 아름답게 다시 튀어오른다.

■ 사드, 초성애주의

앞서 언급한 소네트나 노래 가사는 최상급의 칭찬과 증
오를 동시에 받으며 에로티즘의 모델로서, 에로티즘의 절
대자로서의 지위를 얻고 있는 참을 수 없는 사드의 담론에

비하면 그저 창백한 하나의 메아리로 여겨질 뿐이다. 사드에게 재판과 유죄 판결, 투옥 등의 불운을 안겨줬고, 검열과 판매 금지 대상이 되었던 그의 다양한 작품들, 즉 『쥐스틴 또는 미덕의 불운(Justine ou les Malheurs de la vertu)』(1791), 『안방 철학(La philosophie dans le boudoir)』(1795), 『쥘리에트 이야기 또는 악덕의 번영(Histoire de Juliette ou les Prospérités du vice)』(1797), 그 중에서도 특히 1785년에 바스티유 감옥에서 37일 만에 완성된 다음 1904년에 가서야 대중에게 공개된 『소돔 120일』은 성과 관련된 행위들에 대한 철저한 디테일뿐 아니라 당대 사회에 미친 정치적, 문학적, 철학적 영향력에서(사실 사드는 『프랑스인들이여, 조금 더 노력을(Français, encore un effort)』에서 사형에 반대하는 입장을 취했다) 일종의 극단적 한계에 도달한 단호한 형태의 에로티즘의 시스템을 구성한다. 최근 재출간된 『소돔 120일』 판본(1992)은 사드의 시스템을 "상상 가능한 모든 변태 행위와 형벌들을 엄격한 구성하에 놀랄 정도로 정확하게 묘사한 카탈로그"라고 소개한 바 있다. 연극에 심취해 있던 사드는 마치 실험을 하듯 자신의 주인공들을 포레 누와르의 실링 성이라는 밀폐된 공간에 가둔다. 땅의 주인이기도 하면서 사람들을 마음대로 부리는 네 명의 주인공, 즉 블랑지 공작(거대한 재산의 소유자), 어떤 도시의 주교(사기와 범죄를 통해 꽤 많은 자산을 소유했다), 퀴르발 의장(거대한 자산 소유)과 재정가 뒤크레(재산을 지키기 위해 자신의 어머니와 아내, 조카까지 독살했다)는 미리 세심하게 계획된 의식을 집전하는 듯한 시퀀스를 통해 도저히 믿기지 않는 온갖 종류의 방탕과 폭력에 자신들을 내맡긴다. 그들의 부인들은 물론이고 처녀 여덟 명, 12살에서 15살 사이의 소년 여덟 명, 태생이 좋은 아가씨 네 명, 여자 포주 네 명과 오직 성기의 길이만으로 선택된 성인 남자 네 명('거시기'의 길이는 사드 작품에 강박적으로 나타난다)이 때로는 파트너로 때로는 가학의 대상으로 이들의 난잡한 혼음 파티에 함께 한다. 이들이 함께 만들어내는 짓거리들은 다양한 사회 계층에서 행해지는 성행위를 총망라한 일련의 '르포'를 만들기에 충분하다.

작품의 주인공인 '네 명의 흉악한 인간'들은 공통적으로 '항문 성교에 대한 취향'을 지니고 있기 때문에("넷은 주기적으로 계간을 했으며, 넷은 모두 엉덩이를 우상화했다"), 작품의 주조를 이루는 것은 온갖 형태의 항문 에로티즘이다. 모두가 모두를 상대로 행하는 항문 성교는 물론이거니와 아주 복잡하고 위험한 조치들을 이용해 분뇨를 거의 음식과 마찬가지로 준비하고 조리하면서 진정한 숭배의 대상으로 승격시키는 호분증과 식분증 등이 여기에 속한다. 하지만 이는 욕망과 분노, 환상과 판타지가 서로 얽혀 있는 리비도의 분출 가운데 다른 것에 비해 특권을 부여받은 하나의 항목일 뿐이다. 실제로 사드는 150개의 광증을 네 개의 항목으로 분할하여 인간의 성적 괴벽을 정리해놓았다. 첫 번째 항목을 자세히 묘사하고 난 후 사드는 범죄적이고 살인적인 나머지 세 항목에 대해 몇 가지 지침을 주고 있다. "항문 성교를 애호하는 어떤 근친상간자는 항문 성교라는 죄악을 근친 상간, 살인, 강간, 신성 모독, 간통 등의 죄악에 첨가하기 위해 자신의 아들 항문에 성체배령에 쓰는 면병을 꽂게 한 다음 자신의 항문에 성기를 삽입하도록 했고, 이어 결혼한 딸을 강간했으며, 자기의 조카를 죽였다."

섬뜩할 정도로 세부적인 묘사와 편집광적인 계산은 모든 종류의 체계적인 행위화(mise en acte)에 존재하는 성적인 힘을 간파하고 이해하고자 했던 사드의 완벽함에 대한 의지를 확인시켜준다. 사드의 모든 여정은 성으로 향하고 성에서 출발한다. 분석가들은 이에 대해 어떻게 생각할지 몰라도, 이는 분명 사드의 시스템과 프로이트의 '범성애주의' 사이에 엄청난 연관성이 있음을 정당화시켜주는 것이다. 더구나 사드와 프로이트가 둘 다 탈신비주의의 신봉자로서 모든 종류의 환상을 목 졸라 죽이는 것을 공통의 명분으로 삼고 있다는 점을 생각하면 더더욱 그렇다. 사드

적인 성이 위험을 무릅쓰고 뛰어드는 '지상의 목소리'는
열려 있고, 사드가 말하길 '영원한 파괴의 욕구'에 다름아
닌 본성에 의해 유지된다. "본성이 원하는 것은 바로 범죄
다." ― "이런 의미에서 자위행위자, 살인자, 유아살해범,
방화범, 항문성교자는 모두 자신의 욕망에 충실한 사람들
이며, 그런 이유로 우리가 모방해야 할 사람들이다." 본성
에는 원래 믿음도 법도 없다. 이처럼 과격한 방식으로 신
을 제거한 나머지 우리는 악마적인 성행위들의 일차적인
목표가 마치 방귀를 뀌고 트림하는 블레이크의『노보대디
(*Nobodaddy*)』에 등장하는 부재하는 아버지처럼 신을 피
하고, 신을 공기 중으로, 구름 속으로, 무의 세계로 보내버
리는 데 있는 게 아닌가 하는 인상을 갖게 된다. 사드는 믿
음이나 법에서 백성들을 기만하려는 정치적이고 경제적인
사기와 전횡만 읽을 뿐이다. 사드의 한 주인공은 작가의
관점을 반영하여 이렇게 말한다. "백성들을 계속해서 오류
와 거짓의 굴레 아래 두어야만 한다." "백성들은 자신들의
편견 속에 빠져 있어야 한다."『소돔 120일』의 네 명의 주
인공은 사실 사드가 이 책의 첫 페이지에서 꼬집어 얘기했
던 인간 부류에 속한다. "루이 14세가 치러야 했던 수많은
전쟁들은 대중들이 겪는 재난을 누그러뜨리기는커녕 오히
려 조장하면서 그 틈을 이용해 언제나 자신의 배때기만 불

리려는 다수의 탐욕스러운 인간들을 더욱 부유하게 만들어줄 뿐이었다."

사드의 작품 배경에 나타나는 과도한 양상은 그가 가장 생체적이고 신경학적이고 전기적인 의미에서 신경을 발가벗기려 했던 본성의 제한 없는 과도함을 이해하고, 그것과 겨루고자 한 데서 비롯된다. 여기서 사드의 에로티즘이 지닌 놀라운 변증법을 발견할 수 있다. 그가 본성이라는 이름에 기대어 행한 행위들은 모두 우리가 '본성에 반하는' 것으로 규정하는 것들이다. 그런데 사드는 그 행위들을 '본성에 따른 것으로 만들어버린다(naturaliser).' 그 결과 만약 거기까지만 본다면, 그의 성애 묘사들은 성적 폭력을 지칭하기 위해 '사디즘'이란 용어를 만들어낸 크라프트 에빙의 해석을 강화시킬 수 있었을지도 모른다. 하지만 사드의 역설을 끝까지 밀고 나가 성의 어두운 문턱을 넘기 위해서는, 사드가 충고한 것처럼 '조금 더 노력할' 필요가 있다. 그가 전쟁터에 펼쳐놓은 섹스의 무기와 갑옷들로 가득한 예외적인 무기고는 진정 '너무 지나치게 많이 발사한' 나머지 나이아가라 폭포처럼 쏟아지는 정액에도 불구하고 멈추지 않는 교미(coïtus ininterruptus)로 작동한다. 전장을 초토화시킬 때까지 멈추지 않는 이 끝없는 교미 앞에서는 약물까지 복용한 어떠한 섹스 마라톤 선수도, 어떠한 초인도 버텨내지 못할 것이다. 본성은 그렇게 탈진하게 만드는 과도함으로 인해 퇴장한다. 하지만 본성은 도망가지 않는다. 본성은 문턱에 발을 걸친 채 지나치게, 과도하게, 강박적으로, 천박하게 모든 통로를 막은 채 매달려 있다. 한편, 반(反)본성은 과도함 사이로 슬쩍 끼여들어 와 그 자리에 멈춰 선다. 이 반본성은 아마 생각하고(감각에서 출발하여), 말하고(섹스에서 출발하여), 계산과 규칙과 이야기와 이성을 끌어들이는, 한마디로 '문명'을 창조한 인간이라고 할 수 있을 것이다. 이런 의미에서 문명은 본성이 품고 있는 그림자, 다시 말해 억압, 부정, 변장이 아니라 본성이 품고 있는 빛, 즉 상상을 초월하는 초현실적이고 유토피아적인 빛이 된다. 이처럼 안방에서 만들어지는 철학이야말로 충분한 구멍을 뚫을 수 있고(모든 방향에서 뚫린 구멍들), 충분히 성능이 좋은(넋을 잃은 후세들) 에로티즘의 사드적 형태로, 초성애주의(surérotisme)로 명명될 수 있는 것이다.

■ 푸리에, 범성애주의

사드의 이야기는 격렬하면서도 공들인 글쓰기를 통해 대개 포르노가 열광하는 혼미한 단어들 — 음부, 항문, 음경, 불알, 엉덩이, 따먹다, 같이 자다, 빨다, 뒤로 한다, 똥누

다와 같이 몸의 여러 기관이나 분비샘들과 관련된, 누구나 다 아는 저속한 속어와 욕설들 — 을 마치 끝없이 밀려오는 쓰레기 더미처럼 텍스트의 해변에 밀어놓는다. 반면, 샤를 푸리에(Charles Fourrier : 1772~1837)가 『사랑이 가득한 신세계(Le nouveau monde amoureux)』를 건설하려는 목적으로 발명한, 아니 재발명한 '은어들'은 사드의 은어와는 완전히 다른 성격의 것이다. 푸리에는 자신의 신세계에 대한 근본적인 생각을 다음과 같은 방식으로 소개한다. "너무 많이 다뤄진 주제인 사랑과 감정을 다시 이야기할라치면, 사람들은 분명 이렇게 반문할 것이다. — 그래, 대체 당신이 거기에 대해 새롭게 할 말이란 게 뭐요? — 전부다요. 왜냐하면 당신들은 단순하면서도 복잡하고, 가능태며 전법적인, 모호한 이 장르들의 사다리, 이 학문의 기역자도 모르니까 말이오. — 좋소, 그러나 당신의 그 괴상한 말장난이 우리를 놀라게 하는군요. 장르들의 사다리라니? 사랑과 관련해 이런 용어를 쓴 사람은 한 명도 없었소." 푸리에가 내뱉는 말은 사실상 터무니없는 것임에 틀림없다. 그가 모든 장르를 초월하는 텍스트 속에서 세워놓은 장르들의 사다리("내가 1967년에 그것을 발견해서 옮겨 적어 출판할 때까지 푸리에의 텍스트는 잠자고 있었다"라고 시몬 드부(Simone Debout)가 책의 서문에서 밝히고 있다)는 하늘까지 가 닿는다. '어둠의 심연' 속에서 길을 잃은 푸리에는 인간을 하늘보다 더 높은 곳으로 이끌어줄 수 있는 열정이 어떤 것인지 자문한다. 그리고 나서 "그 열정은 바로 사랑이다. 신성한 불꽃이자 완전한 사랑이라고 할 수 있는 신의 진정한 에스프리인 사랑 말이다. 인간이 하늘로 올라가 자신을 신과 동일시하게 되는 경우는 언제나 사랑에 몽롱하게 취해 있을 때가 아닌가? 사랑하는 대상을 신성화하지 않는 연인이 있는가? 사랑이야말로 때로 서로 완전히 반대되는 성격들까지도 열정 속에서 결합시킬 수 있는 가장 강력한 동인이다"라고 대답한다.

이런 조건 하에서 푸리에가 말하는 사랑은 일견 '정신적 순수주의(angélisme)' 쪽으로 치우친 듯 보일 수도 있다. 하지만 실제로 푸리에의 사랑은 그와 정반대인 '천사와 같은 결합(Angelicat)'으로 향한다. 푸리에는 '천사처럼 행동하려는 사람은 짐승처럼 행동한다'는 파스칼(Blaise Pascal)의 심오한 명제를 완벽하게 뒤집어 가치의 순서를 전복시킨다. 푸리에에 따르면, 인간이 천사가 되는 것은 짐승처럼 행동할 때다. 인간이 천사, 아니 천사 이상이 될 수 있기 ─ 즉, 신과 동일화되기 ─ 위해서는 아주 구체적인 성애와 동의어인 사랑의 정념을 어떠한 제약도 없이 완전하고 충만한 표현에까지 밀고 나갈 수 있어야 한다. 유태 민족에

대한 반감으로 미루어 자신이 구약성서에 등장하는 야고
보와 비교된다면 아마도 심히 불쾌해할 것이 틀림없지만,
푸리에의 주장은 어딘가 야고보의 이야기와 닮은 데가 있
다. 야고보는 신에게서 무한한 지상의 제국을 선물로 받기
위해 천사들이 살고 있는 하늘에 닿을 수 있는 사다리를
타고 올라갈 수 있기를 꿈꾸었다. 푸리에의 신세계가 즐겁
고 새로운 '과학'의 비호 아래 신의 숨결보다는 육체적인
사랑이 지배하는 곳이라는 점을 제외한다면, 야고보가 꿈꾼
세상은 신기하게도 푸리에의 세상에 대응하는 것이다. 좀더
현세 지향적인 『산업적 협동적 신세계(*Nouveau Monde
industriel et sociétaire*)』의 저자는 그보다는 신대륙을 발
견한 크리스토퍼 콜럼버스에게서 자신을 발견한다. 그러
니까 『사랑이 가득한 신세계』는 우주적 차원으로 확대된
사랑의 제국이다.

'초성애주의'라는 단어가 철학적 바탕과 글쓰기의 능력
에서 나름대로 고유하고 취약한 한계를 지니는 사드의 에
로티즘에서 나타나는 과도하고 강렬하고 철저하고 현기증
나는 특성을 규정하기에 다소 무모한 감이 있다면, '범성
애주의'라는 말은 푸리에가 말하는 사랑의 열정이 지닌 총
체적인 규모를 특징짓기에 딱 적합한 용어다. 푸리에가 유
머러스하게 사용하고 있는 '천사 같은'이란 용어가 증명하

듯, 소란스러운 아기 천사들의 열정에 어울리는 인간의 가장 훌륭한 감정인 사랑은, 본래의 지위로 보아 '물질적인 것'과 '감정적인 것', '정신적인 것'뿐 아니라 사회의 '조화로운 구성'과 감탄할 만한 모자연의 쾌락까지도 다 포함하는, 제한 없는 힘으로 정의되는 성애에 전적으로 동일시된다. 다시 말해 이 사랑은 완전하고 절대적인 에로티즘 자체다. 푸리에는 '문명'을 공격하고, 문명이 '야심'(지배 충동이나 죽음의 충동과 타협하는 권력에의 충동)을 극찬하면서 상대적으로 사랑과 성애를 결혼의 형태 가운데 '법적인 구속 관계'로만 축소시키면서 멸시했다고 비난한다. 실제로 이성 간의 결합인 결혼은 법적인 결혼을 포함해 여든 가지 이상의 동거 형태를 낳은 번식력이 뛰어난 부모인데도 말이다. 그 결과 법적인 구속력을 지니지 않는 결합 행위는 모두 공식적으로든 외설적으로든 돈벌이에만 급급한 품위 없는 매춘 행위로 전락한다. 푸리에는 "사랑을 억압하는 정책은 사회 집단을 빈곤과 사기, 억압, 살육으로 몰고 가는" 한편, "문명에 대한 환상은 민중을 행복이 아니라 집단 학살로 이끈다"고 역설한다.

푸리에의 조화로운 도시는 에로티즘으로 충만한 행복의 도시다. 이 행복은 "가능한 한 많은 열정을, 그것도 최대한 격정적이고 최대한 극단에 이른 열정을 지니고 그 열정들

을 모두 만족시키는 데 있다." 그곳에서는 쾌락이 "국가의
중대 업무"에 해당하므로, "누구든 당연히 최상의 지위를
지니는 사랑을 가장 중요시해야 한다." 이 업무는 국가의
존폐가 걸린 중대한 문제이므로 권력의 억압이나 남용 대
상이 되어서는 안 되며, 그렇다고 해서 순전히 개인적인
에고이즘에 맡겨져서도 안 된다. 이런 이유로 사랑의 업무
는 정신적이고 정치학적인 법률에 의거해서 일관성 있는
정책을 수립할 수 있도록 도와주는 "과학"을 필요로 한다.
왜냐하면, "예외 없이 사람들은 쾌락에서는 단조로움에,
정치에서는 전제주의에 빠지기" 때문이다. 푸리에 식의 에
로티즘은 터무니없는 계산 방법과 기가 찰 정도의 놀라운
신조어로 작동한다. 그것은 "사랑의 다섯 개의 장르에 포
함된 810개의 유형"과 함께, 다양한 사랑의 "기벽"들을 즐
기는 사람들의 비율과 포도주병과 작은 고기 파이를 들고
요리 전쟁에 참가하는 군대의 모습, 혹은 아르테미스 여신
의 유산 분할을 상세히 기술한다. 예를 들어, "아르테미스
여신은 여든의 나이에 이를 때까지 자신의 감정적 지배에
복종하는 약 40개의 회오리바람 속에서 400번에 걸쳐 약
1200명의 남자와 600명의 여자와 사랑을 나누었다." 여기
서는 에로티즘의 흐름 속에다 새롭고 생생한 한 무더기의 용
어를 던지거나 재생시키는 분류학과 신어 사용에 대한 푸리

에의 '괴벽', 아니 충동 혹은 '열정'이 아무런 제한 없이 마음껏 날개를 편다. 그 결과 'digynes', 'trigynes', 'tétragynes', 'polygynes', 'omnigynes'와 같은 단어들이 마구 떠돌고, 'luxisme', 'groupisme', 'sériisme'과 같은 단어들이 분주히 움직이며, 'bayadérat', 'faquirat', 'vestalat', 'damoisellat'와 같은 단어들이 자리를 잡고 있으며, 'vestale'에 'vestel'이, 'matrone'에 'matron'이, 'chenapan'에 'chenapane'이 짝을 이루면서 '독신자'라는 뜻의 명사 'célibataire'와 교미한다. 만일 통음난무가 '자유로운 사랑의 고귀한 도약'이라면, 천사주의와 복음주의를 품고 있는 범성애주의의 화려한 왕관인 "천사와 같은 결합"은 "수련기"의 세 단계 — chérubique, sérphique, séidique — 를 거쳐 아름답게 결합한 커플의 각 파트너에게 에로틱하게 "받아들여지고" 싶은 욕망을 표출하는 사람에게는 누구나 그 욕망을 허락한다. 여기서 부자와 가난한 자를 우정으로 묶어주고, 젊은이와 노인을 사랑으로 연결해주는 것처럼, "서로 가장 적대적인 계층들을 화해시키는 기술"인 "규합"의 절차는 매우 중요하다. 『산업적 협동적 신세계』에는 그러한 규합의 본보기가 될 만한 예가 제시되어 있다. 여든 살 먹은 노파 위르젤과 스무 살 청년 발레르 사이에는 처음에 "사랑에서 당연한 반감"이 있었다. 하지만 "조화"는 이른바 가능한 모든 관계를 맺어주는 — 정치적인 — 기술이다. 그리하여 "발레르는 라인강으로 출정하는 9등급의 산업 군대(모두 30만 명 중 여자가 10만 명으로 구성된)에 받아들여지길 희망하고", "라인강 군대의 'haute matrone' 또는 'hyperfée'의 역할을 맡은 위르젤은 우연한 기회에 발레르에게 호의적인 행동을 하게 된다." 그런 일이 몇 차례 반복되면서 "발레르의 마음에서 위르젤에 대한 직접적인 사랑의 열정은 아니지만 일종의 고마움, 간접적인 친근함이 싹트게 되고 이것이 곧 사랑을 대신하게 된다. 위르젤은 순수한 애정으로 발레르를 차지하게 된다. 여든이라는 나이는 여기에 방해물이 될 수 없을 것이다." 100세 이상 장수하는 노인들이 많아질 것을 예고하는 21세기의 벽두에, "협동적 신세계에서는 성에 관계없이 모든 노인들이 이러한 행운을 누렸다"는 푸리에의 말에 잠깐 동안이나마 위안을 얻게 되는 것이 사실이다.

『자유 결합(Union libre)』,『무염수태(L'Immaculée Conception)』,『U자 관(Les Vases communicants)』 등의 작품을 쓴 초현실주의자 앙드레 브르통(André Breton)은 『샤를 푸리에에게 바치는 오드(Ode à Charles Fourier)』에서 푸리에를 "가장 위대한 예언자들 가운데 한 명"으로 칭송한 바 있다. 우리가 살펴본 것처럼 미래 지향적인 푸리에의 범성애주의적 사고는 인간의 본성에 깊이 뿌리를 내리고 있다. 푸리에의 시스템에서는 모든 사람은 모든 사람과 사랑을 나눌 수 있으며, 또한 그럴 권리가 있다. 왜냐하면 사랑은 인간의 감정 중 최고의 차원에 속하는 것이며, "각자는 사랑할 이유가 있고", 사랑에 대한 취향은 그것이 비록 '괴벽'일지라도 인간의 본성에 내재하는 정당한 것이 때문이다. 푸리에에 따르면 이 모든 것은 '인류애'를 통해 완성된다. 이러한 '인류애'란 표현은 인류애적인 차원에서, 그리고 그것이 지니는 생식 수정의 차원에서 살펴볼 필요가 있다. 인간으로서 인간을 사랑하는 것은 곧 인류를 창조한 근원이다. 만일 인간이 다른 인간에 대해, 아니 더 포괄적으로 모든 형태의 생물에 대해 사랑이라는 기본적이고 자발적인 관계를 맺지 않았다면, 인류는 존재하지도, 지금까지 존속되지도 못했을 것이다. 푸리에의 '인류애'는 온정도 호의도 아니다. 그것은 인류를 구성하는 다양한 애착과 관계를 낳으면서 인류를 하나의 동질적인 전체로서 파악하고 인정하게 하는 "원초적 본능"이자 "특별한" 미덕이다. 물론 이를 저지하고 변질시키려는 많은 요소들(억압, 탄압, 범죄, 학살 등)이 늘 개입하지만, 그럼에도 불구하고 인류애는 다른 것으로 환원될 수 없는 최상의 에너지로 남아 있다. 이는 '연민'('타인(cum)'과 함께 나누는 완전한 정념이라는 강렬한 의미로서의)의 원천이자 인간들 사이의 보편

적인 사랑의 관계를 풍요롭게 하는 푸리에 식의 놀라운 관
대함, 즉 범성애주의의 원천이다. 아니 어쩌면 이것은 하
나의 범(汎)휴머니즘이다.

■ 알프레드 자리, 『초인(*Le Surmâle*)』

사드의 흉물스러움과 푸리에의 순진함을 양대 축으로
에로틱한 텍스트들은 서로 뉘앙스를 달리 하며 무한히 펼
쳐지는데, 그 중 대부분은 같은 인물들과 같은 어휘들이
아직 분화되지 않은 상태로 존재하는 동질적인 회색의 평
평한 해변을 끼고 있다. 이는 유황 냄새를 지독하게 풍기
는 지옥이라기보다는 가려움을 유발하는 연옥에 가깝다.
가끔씩은 지진처럼 강력한 진동이 일어나 문제가 되는 페
이지들을 전부 삭제하는 데 몰두해 있는 검열의 관심을 끌
기도 한다. 동성애적 묘사와 마약을 다룬 윌리엄 버로우
(William Burroughs)의 『발가벗은 향연(*Le Festin nu*)』이
나, 불꽃처럼 뜨거운 성생활이 어떤 식으로 사회와 인간,
세계에 대한 작가의 인식을 풍요롭게 해주었는지를 뛰어
난 필체로 풀어놓았지만 결국 미국에서 '포르노'라는 선고
를 받은 헨리 밀러(Henry Miller : 1949~1960)의 3부작 『장
미 십자가 ― 섹수스, 플렉수스, 넥수스(*La Crucifixion en*

Rose — *Sexus, Plexus, Nexus*)』같은 작품들이 그 좋은 예다. 확연히 드러나는 차이에도 불구하고, 1975년에 한 젊은이에 의해 암살당한 파졸리니가 600쪽이 넘는 방대한 분량의 미완성 초고 『석유(*Pétrole*)』에서 — 이 작품은 1995년에 와서야 출판되었다 — 자신의 모든 경험들 — 동성애와 정치, 문체를 망라하는 — 의 총합을 연출하려던 시도 역시 그 방대한 규모로 보아 밀러의 저작에 비할 만하다. 이 작품의 편집자는 편집자 노트에서 "오늘날 사회는 변했다. 관객은 20년 전보다는 훨씬 더 『석유』와 같은 작품을 받아들일 준비가 된 것 같다"고 썼다. '스캔들 메이커'나 '선동가' 같은 단어들은 특히 시대에 뒤떨어진 것이 되었다. 작가들은 황홀한 '에로티즘의 장'이 눈앞에 펼쳐지는 것을 목도하지만, 정작 본인들은 더 이상 잠자고 있는 검열자들의 분노를 부추기는 데까지 이르지 못하고 있다. 오랫동안 비밀리에 돌아다니던 아폴리네르의 『만천 개의 음경』의 문고판이 존경받는 한 대학 교수가 쓴 서문과 함께 도처에서 버젓이 팔리고 있는 실정이니 말이다.

이 교수는 1907년에 발표된 『에로 소설의 서지 목록(*Bibliographie du roman érotique*)』에서 "사드 후작보다 더 심한 작가"로 평가된 작품에 대한 노트를 자신의 서문에 옮겨놓고 있다. "이 책은 분명 사드 후작의 가장 끔찍스러운 작품들을 능가한다. 누구도 침대차에서의 통음난무 뒤 이중의 살인이 벌어지는 이야기보다 더 끔찍한 이야기를 쓴 적이 없다. 어떤 이야기도 일본 여인 기리에뮈가 들려주는 애인의 일화, 즉 여자 역할을 하는 동성연애자로 살다가 막판에 항문에 꼬챙이가 꿰어 죽음을 맞이한 남자의 일화만큼 마음을 뒤숭숭하게 만들지는 않는다. 이 작품에는 남색, 여성 동성애, 시간(屍姦), 호분증, 수간(獸姦)의 장면들이 조화롭게 뒤섞여 있다. 채찍질, 그것을 모르면 사랑을 모른다고 말할 수 있을 정도로 쾌락의 예술인 채찍질 역시 여기서는 절대적으로 새로운 방식으로 다뤄진다. 이 작품은 완벽한 문학적 형태를 자랑하는 현대적인 사랑의 소설이다." 이런 평가는 다소 지나치게 과장된 면이 있는 것이 사실이다. 비록 이 작품의 결론을 대신하여 주인공의 묘지에 새겨진 비문이 말해주듯, 에로티즘이 원래부터 '많이'와 '너무'라는 표현을 즐기는 것은 맞는 얘기지만 말이다. "여기 만천 개의 음경이 사랑했던 유일한 연인, 비베스퀴 왕자 잠들다. 행인들이여, 단언하지만, 그것보다는 만천 명의 처녀들과 잠자리를 같이 하는 게 더 나을 것이다."

반면, 아무래도 사드보다는 푸리에 쪽에 가까운 알프레드 자리(Alfred Jarry)의 『초인』(1904)에는 '현대 소설'이라는 부제가 달려 있다. 이는 결코 과장이 아니다. 건조하게 보이는 이 이야기는 에로티즘의 '기계'를 최고치로 작동하게 하기 위해 당대의 과학 기술 분야의 자료들을 재활용했을 — 용어의 본래적인 의미에서 — 뿐만 아니라 무엇보다 다가올 세기, 즉 20세기를 예견하고 있기 때문이다. 작품의 서두는 그것이 담고 있는 무의미성으로 인해 충격을 준다. "사랑 행위는 무한히 행해질 수 있다는 점에서, 사랑은 중요하지 않은 행위다." 작품의 주인공인 초인 앙드레 마르퀘이가 일종의 변덕처럼 내뱉은 이 말은 자리의 개입으로 의미가 뒤바뀐다. 즉, 우리가 무한히 행할 수 있는 것들(사랑뿐 아니라 숨쉬고 먹고 자는 것까지)이야말로 가장 중요한 것이다. 이를 증명하기 위해 자리가 초록색 압생트로 물들어 있는 에로스의 생생한 샘에서 물을 마셨을 거라는 사실은 자명하다. 사실 소설의 환상적인 시퀀스에서 포착되는 기록에 신경 쓰는 에로스보다 더 현대적인 것은 없다. 실크 해트를 착용하고 코안경을 쓴 상태에서 벨로시페드 위에 올라탄 초인은 자전거 챔피언들이 페달을 밟는 5인승 자전거 및 전속력으로 달리는 기관차와 벌인 만 마일 달리기 경주에서 승리한다. 이어 초인은 "테오프라스투스가 격찬했던 인디언"의 모습을 하고 아름답고 순결한 엘렌과 함께 각각 하룻밤에 50명의 처녀를 상대했다는 헤라클레스나 40일 동안 40명의 소녀들을 각각 40번씩 상대해

줬다는『천일야화(*Mille Nuits et Une Nuit*)』의 주인공의 무용담이 무색할 정도로 온갖 종류의 무절제가 허용되는 광란의 하룻밤에 탐닉한다. "이것은 지상의 여러 도시들을 돌아보는 것이 아니라 사랑의 제국을 돌아보는 인간의 탐험, 아니 어쩌면 신혼 여행과도 흡사한 것이었다." 초인은 "그녀의 몸 속에서 어떤 연인도 아직껏 건드리지 못했던 고통을 동반하는 쾌락의 원천에 도달하기 위해 애쓰며", 그녀는 "솜씨 좋은 창녀로서 자신을 드러낸다." 주인공 마르퀘이는 '사랑을 나누면 슬퍼진다(post coitum anmal triste)'는 우울한 명제를 부인하면서 이렇게 시를 노래한다. "엘렌, 엘렌의 들판은 에로스로 가득하네." 이는 영원과 조우한 충만한 에로스다.『베이지 색 회상록의 순간들(*Minutes de sable mémorial*)』(1894)의 예를 보자. "그녀가 그를 기다리는 1분은 마치 태초로 거슬러 올라가는 듯 길었다. 초인간적인 어떤 힘이 여자를 창조했던 바로 그 시절로 말이다." 이런 상황에서 사랑으로 죽는 것은 얼마든지 가능하다. 엘렌은 죽지만, 그것은 강경증(强硬症)에 불과하다. 반면 초인, 그는 '인간의 힘의 한계' 너머에 도달하길 바라면서, 엘렌의 아버지가 고안한 '사랑을 일으키는 기계'를 양팔로 꼭 끌어안은 채 실험을 위해 '만천 볼트'짜리 전기 관을 머리에 쓴다. 그 결과는 이렇다. "기계가 사람을 사랑하게 되었다." 관자놀이에 꽂힌 전극에 의해 고전압이 흐르는 초인은 머리에서 전기 관을 벗겨낼 수가 없다. 그는 소리를 지르며 피해보지만 마침내 감전사하여 철창에 부딪힌다. "군데군데 불그스름한 황금빛으로 물든 앙드레 마르퀘이의 벌거벗은 몸뚱어리는 철창 옆에 둘둘 말려 있었다. 초인은 거기에서 죽었다. 쇠와 함께 비틀려진 채로." 그때 엘렌의 아버지가 나서 "이 사람이야말로 미래의 시작이다"라고 단언한다. 과거와 미래가 얽혀 있다. 영웅 아니 어쩌면 영웅이랄 것도 없는 별 볼일 없는 한 남자가 수백 번의 오르가슴으로 불탔던 하룻밤 동안 가장 독창적인 성애를 시도한 끝에 "여성", 다시 말해 프로이트가 '검은 대륙'으로 지칭했던 오랜 세월의 밤을 발견하는 쾌거를 이루지만, 이어 사랑의 절정이자 불타듯 뜨거운 현대성을 의미하는 전기 관을 머리에 쓰고 '사랑을 일으키는 기계'를 껴안자마자 곧 고압 전류에 감전되고 말았다는 사실에서 우리는 에로티즘이 우리에게 던지는 고통스러운 질문에 맞닥뜨리게 된다. 인간이여, 그대는 누구인가?

결론을 대신하여

인간이여, 그대는 누구인가?

이는 에로티즘이 벌이는 릴레이 경주에서 자리, 푸리에, 사드, 앵그르, 쉴레, 뒤샹, 보슈를 비롯해 여성 — 그리고 남성 — 을 발가벗기고 발견하면서 우리가 알지 못하는 어떤 계시를 끌어내고자 했던 모든 이들이 각자 자신의 고유한 리듬과 방식과 스타일에 따라 우리에게 던져왔던 바로 그 물음이다. 나는 누구인가? 나는 무엇을 아는가? 우리는 어디에서 왔는가? 우리는 어디로 가고 있는가? 이처럼 다양한 형태로 나타나는 이 끈질긴 질문은 인류학적 혹은 존재론적인 물음의 바탕이 된다. 에로티즘은 여기에다 구체적이고 기괴하고 사랑스러운 자신의 흔적을 항구적이고 보편적인 방식으로 새겨넣어 삶에서 없어서는 안 되는 것으로 인정받기에 이르렀다. 하지만 이와 동시에 에로틱한 표현들을 포착해 그것을 위반을 일삼는 요소로 변형시키려는 금기 역시 마찬가지로 지속되어 왔다. 금기와 위반, 이것은 조르주 바타이유(Georges Bataille)의 에로티즘의 근간을 이루는 개념이다. 바타이유가 자신의 사상서(『에로티즘(*L'Erotisme)*』(1957), 『내적 경험(*L'expérience intérieure)*』(1943))와 소설(『에드와르다 부인(*Madame Edwarda)*』(1966))에서 펼쳐 놓은 에로티즘은 현대 문화의 몇몇 조류에 현저한 — 심지어 관능적인 — 영향을 미쳤다. 한편으로는 성애와 생식 사이에, 다른 한편으로는 공포와 죽음 사이에 존재하는 밀접한 관계를 밝혀내는 과정에서(우리를 환희에 흠씬 젖게 하는 절정의 도취는 거기에 대한 제한, 즉 공포감이 전제되어야 한다), 바타이유는 글과 이미지를 이용해(『에로스의 눈물(*Les Larmes d'Eros)*』, 『태양의 항문(*L'Anus solaire)*』, 『C 신부(*L'Abbé C)*』, 『하늘의 푸름(*Le Bleu du ciel)*』, 『눈 이야기(*Histoire de l'œil)*』) 성과 공포를 두 개의 항으로 삼음으로써 인간이 꼼짝없이 붙잡혀 있는 폭력적인 이중성 — "탄생과 죽음"(괴테), 삶의 충동과 죽음의 충동(프로이트) — 의 테마를 다시 취하고 있다. 성과 죽음, 외설과 신성을 연결시키면서(그는 피에르 앙젤리크라는 가명으로 『에드와르다 부인』의 서문을 쓰고, 발행했으며, 베르니니의 「성

녀 테레사의 무아경」에 등장하는 관능적인 쾌락으로 일그러
진 여인의 얼굴을 『에로티즘』의 표지로 사용했다), 바타이유
는 납빛의 검은 윤곽선 안에 감금된 유리의 광채를 지닌
에로티즘을 구성한다. 이는 분명 매혹의 효과가 있었다.
문제는 그렇게 함으로써 이중으로 분출하는 에로티즘의
가장 근원적인 생명론적인 목표를 약화시키거나 모호하게
하면서 시야에서 놓칠 위험이 있다는 것이다. 성적인 육체
가 지닌 가능성과 특별함에 대해 실험적인 만큼이나 실험
된 체계적인 탐구와, 쾌락을 극단적인 폭발의 순간, 그러
니까 오르가슴에까지 이르게 하는 인간 속에 있는 생명체
에 대한 마찬가지로 체계적인 감정의 추격, 이것은 라이가
『오르가슴의 기능(*La fonction de l'orgasme*)』(1947)이라는
저서에서 단언한 정신분석학의 기본 원리다. "오르가슴의
힘은 인간이 다른 모든 살아 있는 유기체들과 공통으로 소
유하고 있는 원초적이며 근원적인 생물학적 기능이다. 자
연에 대한 모든 감정은 이러한 기능, 그것을 되찾고자 하
는 열렬한 바람에서 파생한다."

　에로티즘은 이러한 생물체의 원초적인 기능으로 향하기
위한 노력이다. 이 기능은 '본성적으로' 성애를 통해 이루
어진다. 여기서 이 '본성적으로'라는 표현이 문제가 된다.
우리는 지금까지 에로티즘이 종종 '본성' — 양면을 지닌

성적인 본성 혹은 '본성적인 성' — 에 의거하는 것을 보았다. 이 본성은 때로 동물성, 짐승성 쪽으로 기운다. 그렇게 되면 에로티즘은 포르노나 더 나아가 '악마 숭배'와 동일시된다(사드, 모로의 경우). 그러나 인간이 '신의 모습'에 따라 창조되었기 때문에 인간의 성은 신적인 것에 속하며, 조화(푸리에) 혹은 에덴, 지상 낙원(보슈, 자유성령의 신도들)에 이르는 선택받은 길이 되는데, 이 경우 에로티즘은 위대하고 경이로운 창조의 신비로 승격되게 된다. 이처럼 '본성'에 대한 의존은 — 그것이 짐승성으로 떨어지든 천사성을 향해 상승하든 — 채워지지 않는 욕망의 끊임없는 요구를 통해 에로티즘이 극단적인 것을 추구하고 실행하게 만들거나(사드의 범죄), "인간적인 한계를 넘어선 곳"을 지향하게 만든다(테레사의 무아경). 그러나 우리가 검증하기 어려운 모호한 '본성'이라는 개념에 의존하는 것을 그만둘 수만 있다면, 동시에 성을 영혼을 구성하는 힘인 동시에 도저히 넘어설 수 없는 쾌락의 능력으로 간주할 수만 있다면, 에로티즘은 타인과 사회, 세계와 죽음과의 관계 속에서 자아를 건설하려는 염려이자 최상의 쾌락에 대한 추구로서 극단의 너머 혹은 그 아래에서 천사와 짐승 사이에 존재하는 '중간의 제국'으로서의 인간을 건설하고, 인간적인 것의 척도를 재고 가늠하는 독창적이면서도 역설적인 시도로 인정받을 수 있을 것이다. 헤아릴 수 없는 양극단의 짓누르는 듯한 무게에 악착같이 저항하면서 에로티즘은 인간적인 것을 수련하는 휴머니즘의 구체적인 형태로서 모든 위험과 모험을 무릅쓰고 인류가 뛰어든 험한 능선의 가녀린 선을 어렴풋하게나마 그려보인다.

억압 행위나 금지 혹은 권력 기관의 박해를 야기하는 것은 아주 격렬하지만 얼마든지 길들여지고 우회될 수 있는 성애의 표현이 아니라, 바로 인간 존재를 구성하는 깨뜨릴 수 없는 생명의 핵인 강렬한 오르가슴의 감정이다. 조지 오웰(George Orwell)의 소설 『1984』에 등장하는 전체주의 정당의 수장 입에서 흘러나오는 말은 이러한 원칙을 확인해주고도 남는다. "성적 본능을 뿌리 뽑아야 한다. 우리는 오르가슴을 폐지할 것이다." 형벌과 강제수용소로는 결코 이러한 치명적인 착란을 막을 수 없기 때문에, 대신 억압이라는 심리적, 정치적 행위가 가장 빈번히 항구적으로 사용된다. 자신에게 주어진 금지와 검열, 중상모략, 비난에도 불구하고 에로틱한 표현들은 묵묵히 제 갈 길을 가면서 어쩌면 도서관이나 인간 영혼의 어두운 곳, '지옥'을 지키는 파수꾼 노릇을 해왔다고 말할 수 있다. 억압된 것의 보존소(conservatoire)로서 에로티즘은 성의 세계를 구성하는 영상과 판타지와 형상들과 텍스트들을 받아들여 보존하고 새롭게 다듬어서 욕망하는 주체가 마음대로 사용할 수 있도록 내놓는다. 답답한 규범의 틀을 흔들고 개인의 성적 '노동력'을 착취하고 수익화하는 데 혈안이 된 정치적이고 이데올로기적인 권력을 비난하길 원하는 사람들에게 말이다(벤자민 프랭클린에 따르면 "생식 능력과 다산성은 돈에 속한다").

대개의 경우 분배받은 수당이 주체를 '자발적 복종' 상태로 유지하는 데 적합한 보상의 역할을 한다는 것이 사실이라 해도, 에로티즘은 정신분석학이 이룬 혁명적 차원 — 프로이트는 자신의 정신분석학이 코페르니쿠스 혁명(세상에 대한 새로운 접근)과 다윈의 혁명(종에 대한 새로운 접근)에 이어 인간에 대한 새로운 접근을 가능하게 한 심리적 혁명을 이루었다는 점을 자랑스럽게 여겼다 — 에 근접할 정도로 전복적인 혁명의 가능성을 지니고 있다. 보존소라는 불어 단어 'conservatoire'는 또한 단어가 지닌 음악적 의미로도 이해될 가치가 있다. 에로티즘은 쾌락과 즐거움을 찾는 사람이라면 누구를 위해서라도 불협화음을 포함해 변주와 음계를 이용해 다양한 악보를 만들어 사용할 준비가 되어 있으며 — 음산한 엘레지든 장엄한 파반느 무곡이든, 애도곡이든, 레퀴엠 혹은 유태교의 예배 끝 곡인 카디쉬든, 결과가 어떻게 나오든 간에 — 따뜻한 마음으로 육체와 성과 영혼의 이야기에 귀 기울일 자세가 되어 있다. 음악에 관해서는 장엄하든 가볍든 아무리 얘기를 해도 지나치지 않을 것이다. 음악은 모든 표현 형태 가운데 에로티즘과 가장 은밀하게 — 음악의 모든 선법(旋法)과 뉘앙스, 에로틱한 바이브레이션, 에로 단위의 건반으로 — 연결되어 있다.

가정이나 학교 혹은 특수 기관에서 이루어지는 성교육 프로그램은 대개 해부병리학적인 고찰이나 이타주의적 도덕으로 채색되었거나 아니면 정신분석학이 약간 가미된 논술 사이에서 왔다갔다하기 마련이므로, 별다른 효과를 기대하기는 어렵다. 성교육의 목표는 완전하고 열려 있는, 잘라 말하자면 에로티즘의 지위로 승격된 성을 알고자 하는 것이 아니라 이미 결정된 문화적 범주, 그러니까 교육 당시의 이데올로기적 양상에 맞추어 관용과 억압, 방임주의와 엄격주의 사이를 적당히 오가는 데 있다. 성교육은 모호하긴 하지만 모든 사회에 존재하는 일종의 입문 의식과 관련되어 있다. 이러한 의식은 종종 폭력적이고 공격적이며, 절단하는 방식으로 개인의 성적인 지위와 운명, 생식 기관에 개입해 궁극적으로 개인을 집단에 통합하는 것을 목표로 한다(할례, 음경 절제, 음핵 절제, 강간, 금욕, 다양한 시험과 가혹 행위 등). 어린이나 젊은이가 성에 대한 수

결혼을 대신하여
....
209

련기를 거칠 수 있도록 자유와 자립의 조건을 부여하는 문명은 매우 드물다. 왜냐하면 그렇게 하게 될 경우 그것은 곧 성이 단순히 충동이나 본능 혹은 광기가 아니라 일종의 자기 통제 장치를 뒷받침하는 내면적 합리성을 포함하고 있음을 가정하는 일이 될 것이기 때문이다. 이에 관해 인류학은 엘빈 베리에(Elwin Verrier)의 연구로 밝혀진 인도 중부 무리아(Muria) 족의 '고틀(gothul)' 제도를 모범적인 경우로 제시한다. 고틀은 미혼의 청소년들이 기거하는 일종의 기숙사로 소년과 소녀들이 함께 거주하며, 자주적인 방식으로 관리된다. 젊은이들은 여기에서 이성과 자유롭게 만나고, 성 관계를 맺으면서 성의 유희에 탐닉할 자유를 보장받는다. 그러다 사춘기가 가까워오면 이들은 고틀을 떠나 집단의 전통적인 삶의 범주(결혼, 관습, 규범) 속으로 되돌아간다. 서구 사회에서도 이와 유사한 영감에서 비롯된 일시적인 시도가 정신분석학을 표방하는 몇몇 교육자들에 의해 행해진 바 있다. 예를 들어 1921년에 베라 슈미트(Vera Schmidt)는 모스크바에 어린이들의 성적 호기심과 장난이 자유롭게 발전할 수 있도록 놔두는 어린이 유치원을 설립했고, 같은 해 영국의 서머힐에서는 닐(A. S. Neill)에 의해 정신분석학자 라이가 후일 자기 규제의 성공적인 예로 지칭하게 될 학교가 세워졌다.

절대자유주의의 영향을 받은 성교육 경험이 일천한 가운데, 에밀 마송(Emile Masson)의 『행복한 섬들의 유토피아(L'Utopie des Iles Bienheureuses)』(1918)는 예외적으로 훌륭한 예를 제공한다. 그렇지만 성에 영향력을 행사하려는 의식이나 관습이 보편적이며 항구적으로 존재한다는 사실은 사회 제도가 성적 현실을 역동성과 소요를 포함한 있는 그대로 받아들이는 것을 얼마나 혐오하는지 잘 보여준다. 에로티즘은 도전에 응할 임무를 스스로에게 부여한다. 그리하여 에로티즘은 자의든 타의든 사람들이 쉽게 '포르노적'으로 규정짓게 될 우회의 방식, 즉 정치적, 종교적, 신비적, 이데올로기적 목적들을 배제한 채, 교육적이며 입문적인 기능을 수행할 것이며, 삶의 힘이고, 운명이고, 역설이며, 신비로 여겨지는 동시에 늘 진행중인 계획이자 건설이고, 피할 수 없는 날카로운 요구 조건인 성을 재창조하고 존중할 것이다. 그러한 바탕에서 결론을 내리지는 않으면서도 늘 앞으로 나아갈 준비가 되어 있는 에로티즘은 비록 궤도에서 이탈할 위험이 있을지라도 세상의 가혹한 이타성 앞에서 결코 후퇴하지 않을 것이며, 마찬가지로 인간 존재의 심연 앞에서도, 죽음이라는 극단적인 한계에 직면해서도 절대로 뒤로 물러서지 않을 것이다.

결론을 대신하여

□ 지은이/로제 다둔(Roger Dadoun)

프랑스 파리7대학에서 명예교수로 활동 중인 철학자이자 정신분석학자로서, 문학과 영화를 비롯해 정신분석학적인 방법으로 접근한 인류학에 관한 많은 연구서로 잘 알려져 있으며, 근래에는 정신분석학을 이용한 정치적 담론과 현상 연구를 계속하고 있다. 주요 저서로는 『영화, 정신분석, 정치(Cinéma, psychanalyse et politique)』, 『마르셀 뒤샹과 엔조 나소(Marcel Duchamp et Enzo Nasso)』, 『알라신은 잃어버린 바람을 찾는다(Allah recherche l'autan perdu)』, 『정치의 정신분석학(La psychanalyse politique)』 등이 있다.

□ 옮긴이/신정아

한국외국어대 불어과를 졸업하고 같은 대학원 불문과에서 석사 학위를 받은 뒤, 프랑스 파리3대학에서 『17~18세기 라신 작품 수용에 관한 연구』로 박사 학위를 받았다. 지금은 한국외국어대 불어과 강사로 있으며, 프랑스 인문학 연구 모임 '시지프' 회원으로 활동하고 있다. 주요 저서로는 『바로크』(살림, 2004), 역서로는 『프랑스 단막극 선집』(연극과 인간, 2004)이 있으며, 주요 논문으로는 「라신과 신구 논쟁」, 「17세기 프랑스 연극에 나타난 배우의 연기술에 관한 소고」, 「17세기 프랑스 소희극과 웃음」 등이 있다.

초판 1쇄 인쇄 / 2006년 1월 20일
초판 1쇄 발행 / 2006년 1월 25일

■

지은이 / 로 제 다 둔
옮긴이 / 신 정 아
펴낸이 / 전 춘 호
펴낸곳 / 철학과현실사
서울특별시 서초구 양재동 338의 10호
전화 579—5908~9

등록일자 / 1987년 12월 15일(등록번호 : 제1—583호)

■

ISBN 89-7775-565-4 03160
*잘못된 책은 바꾸어 드립니다.

값 10,000원